50

maquillages
de fêtes
pour petits
et grands

BRIAN & NICK **WOLFE**

Dessain et Tolra

Édition originale :

Extreme Face Painting. Copyright © 2010 by Brian & Nick Wolfe.
All rights reserved. No part of this book may be reproduced in any
form or by any electronic or mechanical means including information
storage and retrieval systems without permission in writing from
the publisher, except by a reviewer who may quote brief passages
in a review.

Published by IMPACT Books, an imprint of F+W Media, Inc.,
4700 East Galbraith Road, Cincinnati, Ohio, 45236.

Maquette : Jennifer Hoffman
Photographies : Richard Deliantoni & Christine Polomsky

Édition française :

Direction éditoriale : Colette Hanicotte
Traduction : Delphine Nègre
Révision et mise en page : Laurence Alvado
Couverture : Agathe Hondré

© Dessain et Tolra/Larousse 2011
ISBN : 978-2-295-00347-8
Dépôt légal : septembre 2011

N° de projet : 11014058-306593/01
Achevé d'imprimer en Chine

À PROPOS DES AUTEURS

Les jumeaux Brian et Nick Wolfe pratiquent le maquillage artistique depuis douze ans. S'inspirant de la BD, du cinéma, de la fantasy et des beaux-arts, ils ont perfectionné leurs techniques dans tous les grands parcs d'attractions, foires et autres festivals. Leur œuvre paraît dans des livres et magazines, ainsi qu'à la télévision et au cinéma. En outre, Brian et Nick enseignent l'art du maquillage dans les salons et les congrès. Ils ont étudié les techniques et les théories relatives au processus créatif, et se sont inspirés des philosophies *new age* et du développement personnel. Ils ont le sourire facile et une propension à voir le bon côté des choses. Ils décrivent leurs ateliers comme des cours d'épanouissement par le maquillage et sont champions du monde en *body painting*. Chez eux, à Orlando, ils créent des costumes, jouent de la guitare électrique, chantent et font la fête. Animés d'un grand enthousiasme, ils n'hésitent pas à partager leurs idées sur www.eviltwinfx.com.

REMERCIEMENTS

BRIAN aimerait remercier son épouse Dara et sa fille Trinity, pour leur amour et leur soutien. Il remercie également ses amis, sa famille et tous ceux qui croient en eux ainsi qu'en la magie du maquillage artistique.

NICK remercie sa famille, ses amis et ses fans, sans qui ce livre n'aurait pas pu voir le jour.

SOMMAIRE

18

LES **GENTILS**

Geai bleu

Lapin

Papillon

Voiture

Chat

Caméléon

Clown

Poissons-bisou

Fleur

Girafe

Chauve-souris

Jaguar

Chevalier

Lion

Singe

Nuit étoilée

Paon

Petit cochon

Princesse

Chiot

Arc-en-ciel

Impératrice

Tigre

Licorne

Zèbre

LES **MÉCHANTS**

LE MAQUILLAGE ARTISTIQUE

C'EST UN ART QUI FAIT APPEL À L'**IMAGINATION**.

Il n'existe pas de mauvais maquillage artistique. C'est avant tout une activité qui cherche à faire plaisir. Elle s'adresse à tous et vise à assouvir les désirs de tout un chacun : être une princesse ou un tigre, ou bien les deux !

Lorsqu'une personne a le visage peint, elle se sent remarquée, acceptée, elle est complimentée, crainte ou aimée. Les personnes qui se font ainsi maquiller ne sont plus les mêmes qu'avant : elles deviennent la princesse ou le tigre qu'elles représentent. Elles sont transformées.

Le maquillage de fête est une forme d'art unique et sans frontières. C'est un art à deux dimensions posé sur un support tridimensionnel qui bouge, chante, rugit ou rit. Enfin, le maquillage artistique est une inépuisable source de sourires – et nous en avons tous tant besoin !

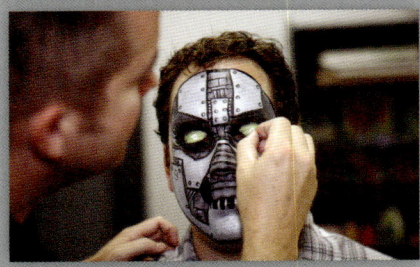

LE MATÉRIEL

Le maquillage artistique ne nécessite que quelques fournitures de base, notamment des pinceaux et des fards.

FARDS

Utilisez du maquillage de scène hypoallergénique et non toxique, à base d'eau. La peinture acrylique n'est pas adaptée au maquillage et doit donc être évitée. Toutes les marques de fard conviennent, mais certaines présentent des couleurs plus vives tandis que d'autres se nettoient plus facilement. Déterminez ce qui est le plus important pour vous au moment de choisir.

PINCEAUX

Nous nous servons de petits pinceaux ronds synthétiques. Veillez à ce que les poils soient rigides et les pointes bien fines. Choisissez un pinceau rond n° 3 (fin) pour une parfaite maîtrise. Plus le pinceau sera gros, moins vous le maîtriserez et plus l'application devra être légère. Un pinceau fin permet de tracer des traits très fins et, en exerçant davantage de pression, de produire une ligne plus large. Si vous trouvez vos traits un peu grossiers, essayez un pinceau rond n° 1. Optez pour un n° 6 pour les traits les plus larges. Tous ces pinceaux s'achètent dans les magasins de fournitures pour artistes.

AUTRES FOURNITURES

Des Coton-Tige coupés en deux feront d'utiles applicateurs, gommes (utilisés avec un peu d'eau) ou pinceaux jetables. Il vous faudra également des éponges, de préférence fermes et à bords arrondis, avec de larges pores. Les éponges employées dans cet ouvrage sont des éponges pour la poterie coupées en deux. Des lingettes nettoyantes et de la poudre pailletée complèteront votre kit de maquillage.

POTS DE FARD BICOLORE

Le fard bicolore rassemble le ton clair
et le ton foncé d'une même couleur.
Il en existe qui réagissent à la lumière noire
et deviennent fluorescents. Choisissez
un petit nombre de couleurs très vives
et à fort pouvoir couvrant. Les couleurs
peuvent être mélangées à même le pot.
Nettoyez le dessus du pot à l'aide
d'une lingette pour lui faire retrouver
son aspect d'origine.

PRÉPARATION DE LA PALETTE

Chaque kit est unique, mais voici comment
nous préparons le nôtre. Il est conseillé
de prévoir une éponge par couleur : utilisez
une extrémité pour appliquer le fard et gardez
l'autre sèche pour estomper la couleur.

UTILISATION DES ÉPONGES

N'humidifiez que la pointe de l'éponge.
La quantité d'eau dépendra de la quantité
de fard utilisée. Si vous passez l'éponge
une ou deux fois sur le fard, le maquillage
sera léger et transparent ; si vous la passez
de nombreuses fois, le maquillage sera épais
et opaque.

CERCLE CHROMATIQUE

Confectionnez-vous un cercle chromatique
tout simple pour vous aider à choisir les
couleurs. Les couleurs d'un même côté du
cercle se mélangent facilement (par exemple,
le jaune, l'orange et le rouge). Le jaune
s'utilise souvent en rehaut, car il est très
vif. Pour peindre un rond vert, par exemple,
utilisez le bleu pour ombrer et le jaune pour
rehausser.

Pour changer la valeur tonale d'une couleur,
on peut lui ajouter du noir ou du blanc.
On peut aussi éclaircir une couleur en lui
ajoutant sa couleur adjacente dans le cercle
(par exemple, pour éclaircir du violet, utilisez
du bleu clair ou du rouge clair).

TRAVAILLER À L'ÉPONGE

L'éponge s'utilise pour couvrir rapidement le visage avec de petites quantités de fard. Le fait d'appliquer l'éponge dans différentes directions permet d'ajouter des détails. Il est conseillé de toujours tester une éponge au préalable afin de voir si le fard est suffisamment humide et vérifier qu'elle ne conserve pas un fard employé précédemment. L'éponge est un outil très polyvalent, qu'il ne faut pas hésiter à utiliser. Entraînez-vous donc sur votre bras pour tester ses possibilités.

POCHAGE

C'est l'une des techniques à l'éponge les plus utiles. Le pochage permet d'estomper les couleurs, de suggérer les textures, d'indiquer les rehauts et d'imiter la barbe naissante. Pour un parfait réalisme, tenez votre éponge coupée en deux à l'envers, de sorte que la partie arrondie touche la peau. Sinon, le fait d'utiliser l'arête de l'éponge créerait des lignes, incompatibles avec l'effet escompté.

APPLICATIONS CIRCULAIRES

Cette technique sert à maquiller les joues et à délimiter certaines parties du visage. Les éponges arrondies s'y prêtent parfaitement. Le résultat n'a pas besoin d'être parfait : vous pourrez toujours corriger les contours au pinceau plus tard.

EFFET DE FOURRURE

Cette technique permet de créer des stries imitant non seulement la fourrure, mais aussi les muscles et la texture de certaines créatures. Bien exécuté, ce procédé permet de créer rapidement un effet de matière.

POCHAGE EFFET « MAL RASÉ »
Tapotez légèrement l'éponge en un motif régulier.

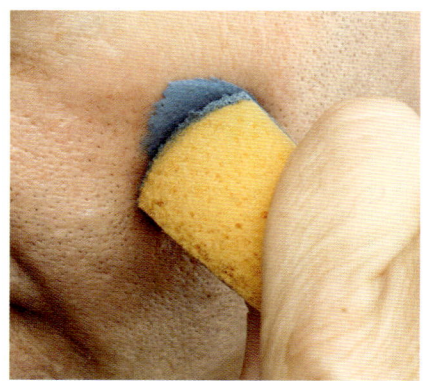

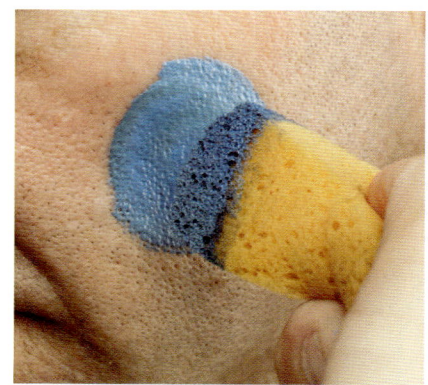

APPLICATIONS CIRCULAIRES
Appliquez simplement l'extrémité de l'éponge sur le visage et faites-la pivoter.

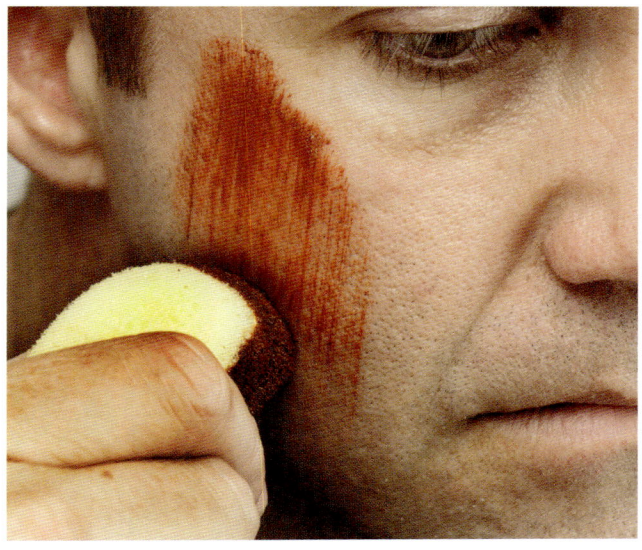
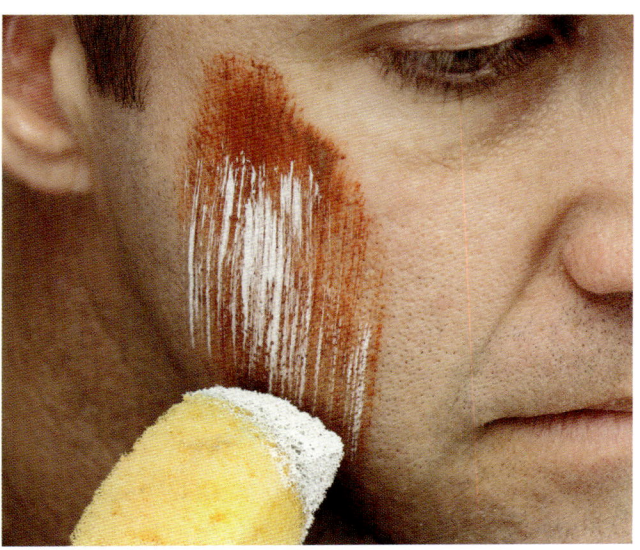

IMITER LA FOURRURE

Chargez l'éponge de fard, puis appliquez-la de haut en bas sur le visage.
Repassez avec une deuxième couleur, en l'étirant bien sur la couleur
de base pour suggérer la texture.

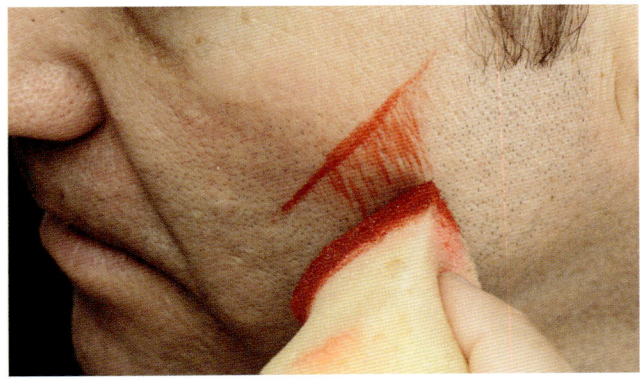

TRACER DES TRAITS

Utilisez l'arête de l'éponge pour créer des lignes.

ÉTIRER LA COULEUR

Dégradez la couleur appliquée en la tirant avec l'éponge.

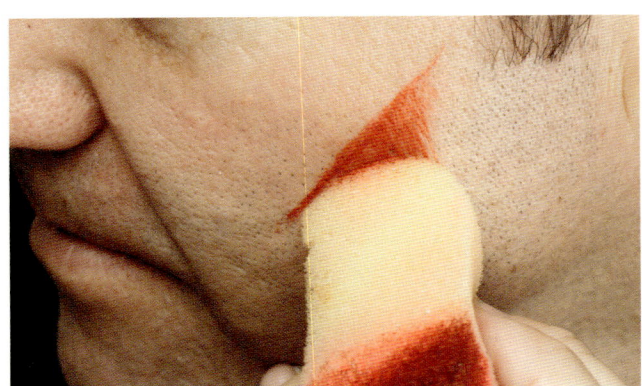
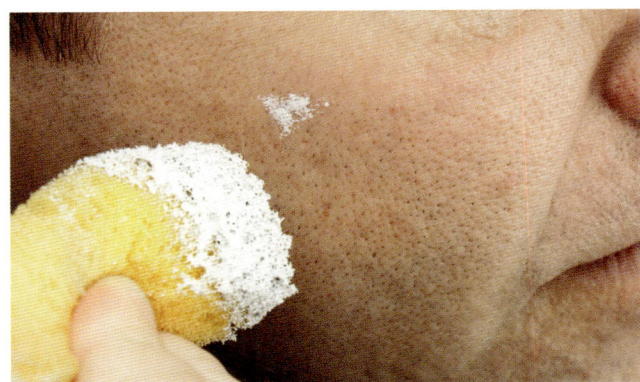

ESTOMPER LA COULEUR

Estompez les couleurs avec l'extrémité propre de votre éponge.

FAIRE DES PETITES TACHES

Formez des points avec le coin de votre éponge.

TRAVAILLER AU PINCEAU

Lorsque vous tracez des traits, imaginez que votre pinceau danse. Plus vos traits seront fluides et assurés, plus le dessin sera réussi. Entraînez-vous, par exemple sur votre bras, et n'hésitez pas à expérimenter de nouvelles techniques. Tenez simplement le pinceau comme un crayon, et près de la pointe pour une meilleure maîtrise. Sachez qu'un joli travail au pinceau peut sauver une application à l'éponge quelque peu ratée.

Et n'oubliez pas que qui peint le plus peint le mieux. Pour acquérir vitesse et précision, exercez-vous et concentrez-vous !

FORMER DES PLEINS ET DES DÉLIÉS

Les lignes plus épaisses en leur centre (à droite) donnent du style et de la profondeur au motif final.

DESSINER DES ÉTOILES

Le fait d'ajouter des étoiles (ci-dessous) à votre maquillage lui donne un petit côté pétillant. Quelle que soit la forme de l'étoile, la clé de sa réussite réside dans la fluidité du poignet. Appliquez le pinceau par petites touches légères, un trait à la fois.

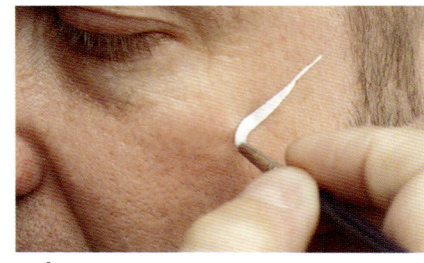

1 Épaisseur croissante
Commencez le trait avant que le pinceau ne touche la peau. Puis appliquez très délicatement le pointe du pinceau sur le visage, en exerçant de plus en plus de pression jusqu'à la moitié du trait.

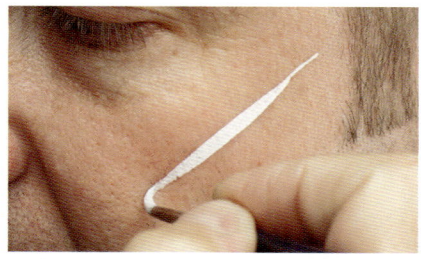

2 Épaisseur décroissante
Une fois la partie la plus pleine achevée, commencez à éloigner très progressivement le pinceau de la peau pour terminer le trait tout en finesse.

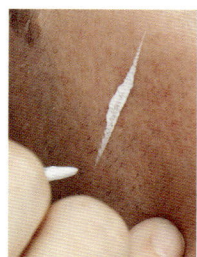

1 Commencer l'étoile
Tracez un trait vers le bas d'épaisseur croissante puis décroissante.

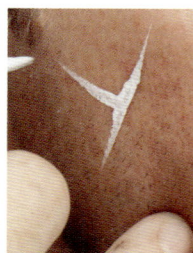

2 Ajouter un deuxième trait
Effectuez une touche vers la gauche.

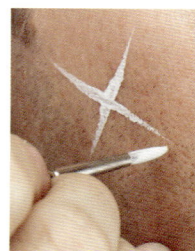

3 Tracer un troisième trait
Ensuite, effectuez une touche vers la droite pour former une croix.

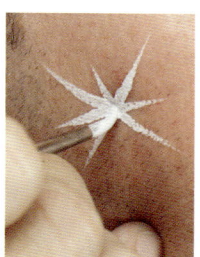

4 Terminer l'étoile
Remplissez l'étoile de touches plus petites rayonnant à partir du centre.

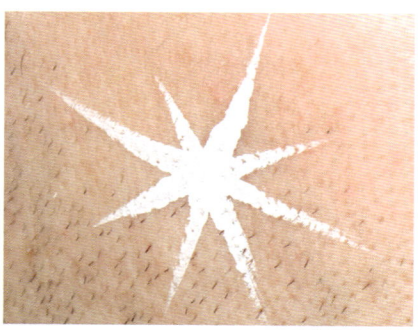

5 Le résultat final
En travaillant du centre vers l'extérieur, vos étoiles auront l'air de scintiller sur la peau.

DESSINER DES VOLUTES ET SPIRALES

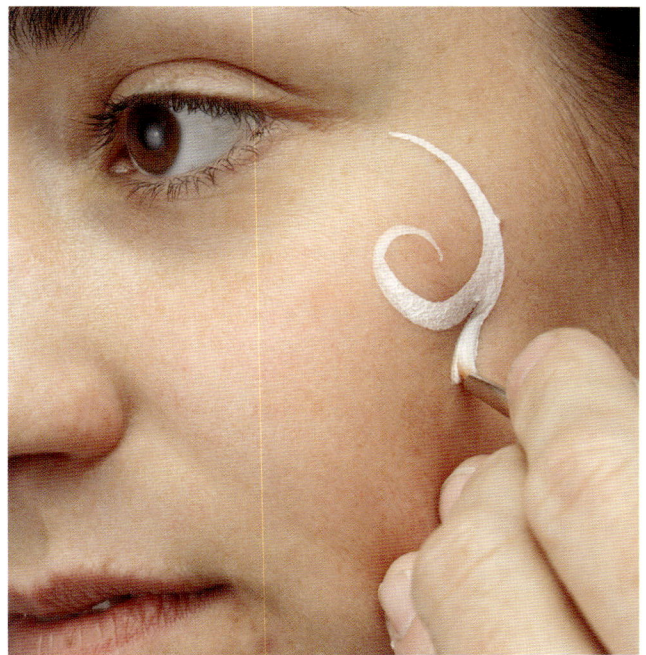

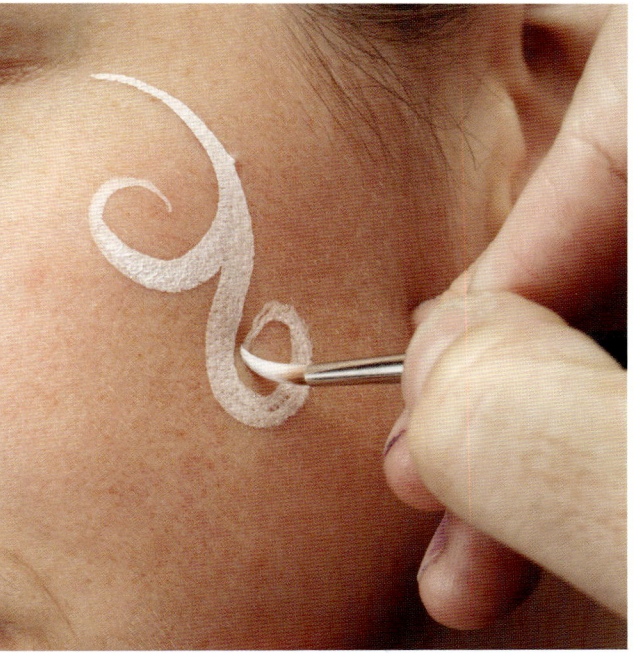

1 Commencer une volute ou une spirale
Appuyez le pinceau contre la peau lorsque
vous dessinez la partie la plus épaisse
de la volute ou de la spirale.

2 Terminer une volute ou une spirale
Inversement, exercez très peu de pression
sur le pinceau pour dessiner les parties
les plus fines.

DESSINER DES GOUTTES ET DES LARMES

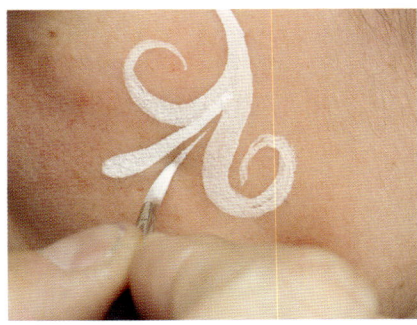

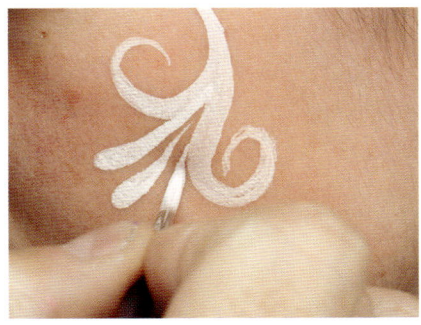

1 Commencer une goutte ou une larme
Formez l'extrémité pointue de la goutte
en dessinant très légèrement avec la pointe
du pinceau.

2 Terminer une goutte ou une larme
Augmentez progressivement la pression
et aplatissez le pinceau pour former la partie
pleine et arrondie de la goutte.

Comment enlever le fard ?

Pour retirer du fard, utilisez
l'un des produits suivants :

- **COLD CREAM**
- **LOTION DÉMAQUILLANTE**
- **SHAMPOING POUR BÉBÉ**
- **HUILE POUR BÉBÉ**
- **LINGETTE POUR BÉBÉ**

Frottez légèrement le produit
sur la peau, puis essuyez-le
immédiatement. Utilisez aussi
un démaquillant pour les yeux
afin d'éliminer le fard.

DESSINER DES YEUX

La forme des yeux joue un rôle fondamental dans l'expression des personnages que vous créez. Votre dragon est-il censé faire peur ou attendrir? Tout dépend de ses yeux, car les yeux sont ce que l'on regarde en premier.

Votre main ou votre bras formera un excellent support d'entraînement pour les exercices qui suivent.

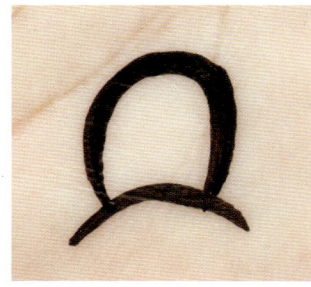

1 Commencer un œil « gentil »
Dessinez une ligne courbe pour indiquer la joue. Tracez un arc plus grand au-dessus pour suggérer l'œil.

2 Développer un œil « gentil »
Ajoutez un demi-arc plus épais à l'intérieur de l'œil pour former l'iris.

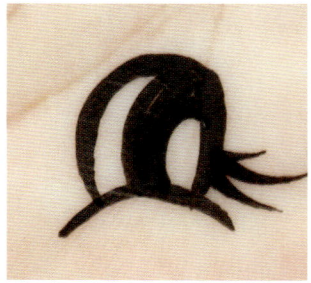

3 Ajouter les cils
Tracez trois traits effilés au coin de l'œil pour les cils.

4 Terminer un œil « gentil »
Ajoutez des rehauts blancs sur la joue et dans le blanc de l'œil.

1 Commencer un œil « méchant »
Dessinez un S horizontal pour former le sourcil.

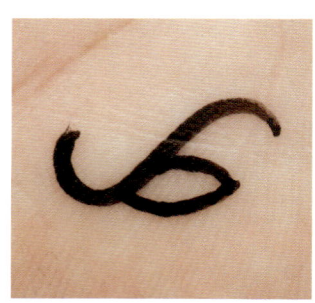

2 Développer un œil « méchant »
Ajoutez un œil en forme d'amande sous le sourcil.

3 Ombrer le sourcil
Ajoutez des ombres sous le sourcil et l'œil.

4 Terminer un œil « méchant »
Remplissez l'œil de blanc.

TRAVAILLER AU COTON-TIGE

Bon marché et jetable, le Coton-Tige est un outil idéal
pour le maquillage.

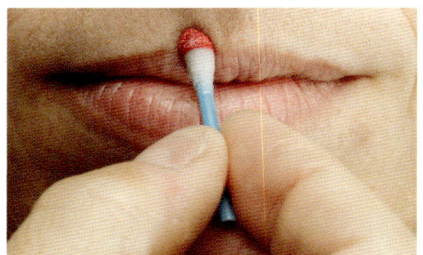

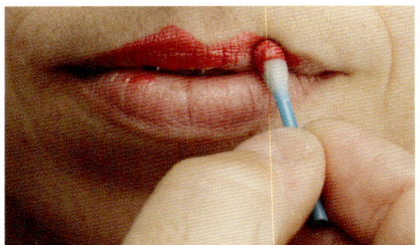

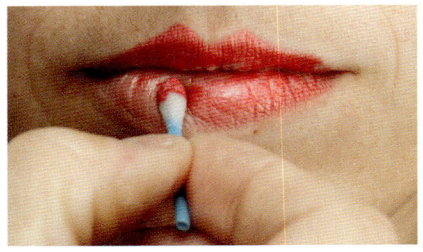

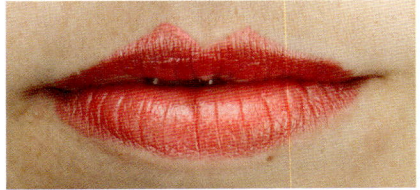

APPLIQUER LE FARD SUR LES LÈVRES

L'application du fard à lèvres au Coton-Tige
est plus hygiénique et chatouille moins
qu'un pinceau. Une fois les lèvres maquillées,
jetez le Coton-Tige.

EFFACER LES ERREURS

Il n'y a pas vraiment de moyen d'effacer
un maquillage. Les « erreurs » seront
intégrées au motif, avec des paillettes
ou du sang. Si vous devez parfaire des
bords ou enlever un peu de couleur, trempez
un Coton-Tige dans l'eau et appliquez-le à
l'endroit voulu. Pour nettoyer d'éventuelles
coulures, essuyez la peau avec un gant
éponge ou un mouchoir en papier humide.

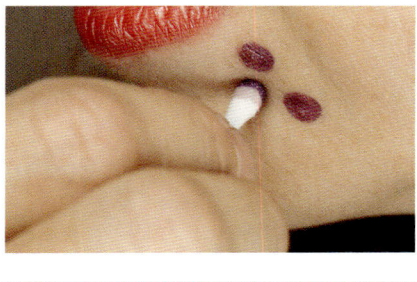

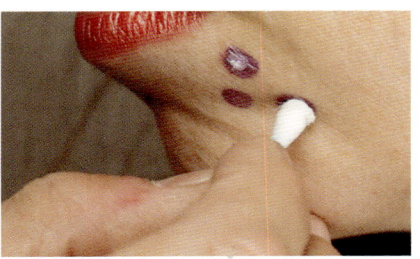

DESSINER DES POIS

Les pois réalisés au Coton-Tige sont très
réguliers. Si vos pois doivent être de la même
taille (par exemple, les rivets d'un casque),
utilisez un Coton-Tige.

Coupures et imperfections

Si votre modèle a la peau coupée
ou abîmée, utilisez un Coton-Tige
pour maquiller le pourtour de la
plaie, afin de ne pas contaminer
votre pinceau ou vos éponges.
Évitez toujours d'appliquer du
fard sur des coups de soleil, de
l'eczéma, des vésicules de varicelle
ou des engelures, car cela ne ferait
qu'irriter davantage la peau.

AUTRES TECHNIQUES

Voici quelques autres techniques qu'il est important
de connaître pour réaliser de beaux maquillages.

IMITER LA FOURRURE
Pour suggérer la fourrure au pinceau,
exécutez des mouvements de va-et-vient
en formant des pleins et des déliés.
Tracez de petits traits rapides pour un meilleur
résultat. C'est la technique utilisée pour les
moustaches, la barbe et la fourrure animale.

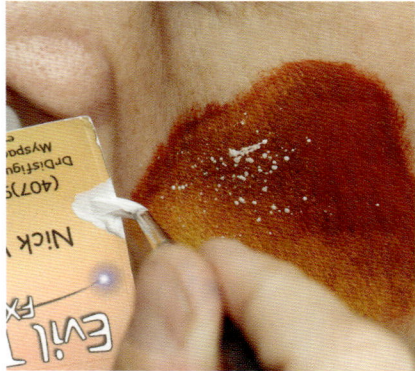

EFFET MOUCHETÉ
Cette technique donne de la texture à la roche
et aux étoiles, et permet de suggérer des
taches de rousseur ou des gouttes de sang.
Raclez le pinceau contre un morceau
de carton dirigé vers la partie à moucheter.

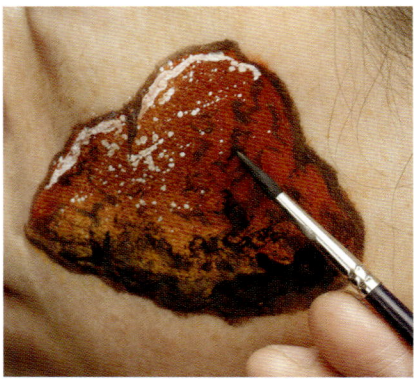

EFFET MARBRÉ
Cet effet s'obtient en dessinant des gribouillis
et des petits points pour rompre l'uniformité
d'un fond coloré ou donner une impression
de texture. Nous l'employons beaucoup
pour les zombies et les monstres.
Utilisez le côté du pinceau pour dessiner
des lignes sinueuses et créer un effet
de texture. Le pinceau ne doit pas être trop
humide et le fard doit être bien dilué.

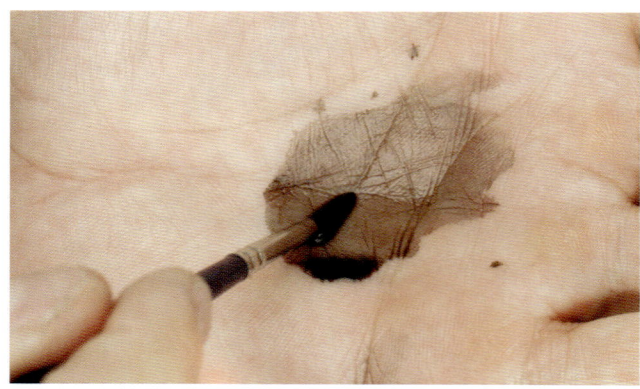

LAVIS
Placez un peu de fard au creux de votre main, puis diluez-le à l'eau
pour créer une consistance très liquide. Les lavis servent à ombrer
les objets et les mettre ainsi en valeur.

EFFET PAILLETÉ
Plongez le manche d'un pinceau rond dans de la poudre pailletée
et roulez-le sur le fard humide.

OMBRES ET CONTOURS

Ces deux techniques de peinture sont très utiles en maquillage artistique.

Entraînez-vous avec une sphère toute simple.

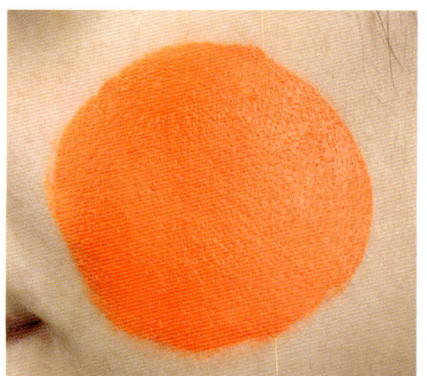

1 Exécuter la forme de base
Appliquez une couche de fond de forme ronde.

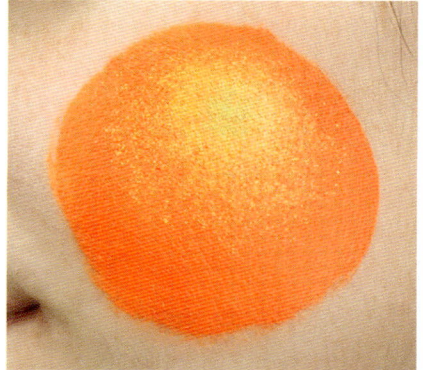

2 Ajouter un rehaut
Appliquez le rehaut jaune en couche épaisse sur un petit endroit précis. Puis pochez la couleur déposée du centre vers l'extérieur afin de l'étaler délicatement.

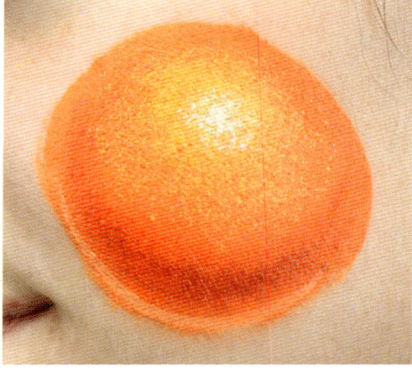

3 Placer les ombres et les rehauts
Appliquez une couleur plus foncée sur la partie inférieure, en laissant une fine ligne de ton intermédiaire pour suggérer un reflet. Ensuite, appliquez du blanc au centre du rehaut jaune et formez un rehaut blanc sur la couleur reflétée en bas de la sphère.

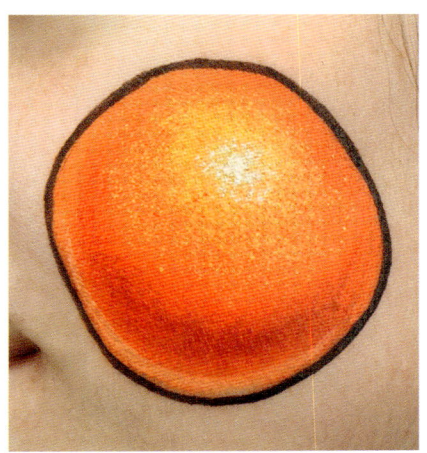

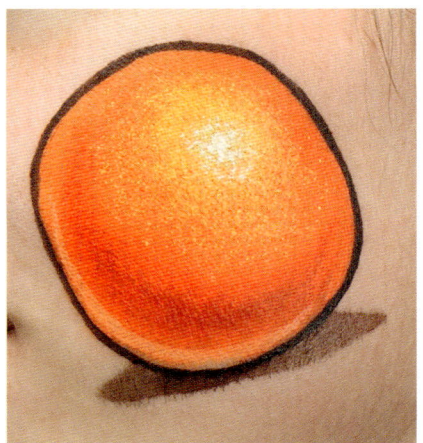

4 Dessiner le contour
Tracez le contour de la sphère au pinceau. Ne regardez pas la pointe de votre pinceau, mais plutôt l'objet que vous délimitez, en laissant votre œil tracer le contour. Le pinceau suivra automatiquement votre œil.

Lorsque vous avez terminé un trait mais devez continuer le contour, ne commencez pas un nouveau trait à la fin du trait précédent. Repassez sur la fin du premier trait, afin de garder une épaisseur de trait régulière.

Le fait d'ajouter une ombre noire sous la sphère donne l'impression qu'elle est posée sur une surface.

LES GENTILS

Cette série de maquillages représente certains de nos thèmes favoris – ceux qui nous font sourire et nous mettent de bonne humeur. Le dessin d'un oiseau, par exemple, nous rappelle instantanément les mouvements, les couleurs et le chant d'un vrai oiseau. Cela nous fait sourire, ce qui déclenche le sourire du modèle… bref, ça rend tout le monde heureux !

Geai bleu

1 Avec une éponge, appliquez du blanc sous l'œil et le long de la joue gauche pour suggérer les plumes blanches.

2 Toujours à l'éponge, ajoutez un peu de bleu clair autour du blanc pour former les plumes.

3 Appliquez du bleu foncé autour des parties blanches et bleu clair, en dessinant la forme de l'oiseau et en suggérant les plumes les plus foncées. Faites descendre les plumes de la queue jusqu'au cou.

4 Avec un pinceau et du fard noir, délimitez le contour de l'oiseau, puis commencez à dessiner le détail des plumes.

5 Continuez à développer les plumes et dessinez le bec avec un pinceau fin chargé de noir. Ombrez la queue, en estompant les traits noirs dans le bleu.
   Puis, avec un pinceau fin et du bleu, ajoutez des détails et corrigez le bord des parties appliquées à l'éponge.

6 Toujours au pinceau, ajoutez des rehauts blancs sur la crête et les plumes de l'oiseau, en alternant de fines lignes et de petits points contre le contour noir. Toujours avec du blanc, retouchez les parties appliquées à l'éponge.

Lapin

1 Avec une éponge, appliquez un fond blanc pour former les babines, les oreilles et les dents, en laissant une fine rainure non maquillée au niveau du sillon sous-nasal. Puis appliquez du rose sur le bout du nez et à l'intérieur des oreilles.

2 Chargez une éponge d'orange et dessinez la carotte du côté gauche de la bouche. Éliminez un peu de couleur sur le dessus de la carotte et ajoutez-y les feuilles en vert.

3 Avec une éponge, placez des rehauts jaunes sur les parties orange et verte de la carotte. Ombrez la carotte avec une touche de brun, puis posez des rehauts blancs sur les rehauts jaunes pour plus de relief.

4 Avec un pinceau fin et du fard noir, tracez le contour des parties blanches et dessinez la mèche de poils sur le front.

5 Toujours au pinceau, dessinez de petits points noirs sur les babines, ajoutez des cils et dessinez les détails de la carotte en noir. Ajoutez des joues roses et des moustaches blanches avec le même pinceau.

Papillon

1 Avec une éponge, dessinez en jaune la partie interne des ailes du papillon, en plaçant les angles au niveau du coin interne des yeux.

2 Toujours à l'éponge, appliquez de l'orange contre le jaune, en dessinant sur les paupières.

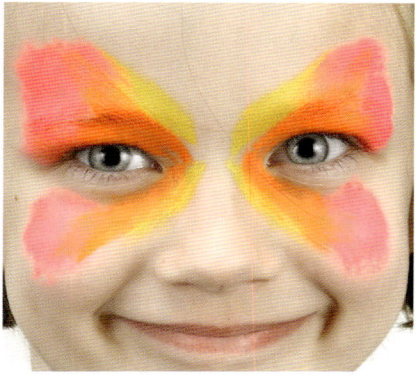

3 Ajoutez à présent du rose fluo sur l'extérieur des ailes et au-dessus des yeux.

4 Tamponnez du bleu sur le bord externe des ailes, toujours à l'aide d'une éponge. Laissez le bleu se mélanger légèrement au rose pour créer une teinte violette.

Avec un pinceau fin, ajoutez le corps vert entre les ailes. Assurez-vous qu'il soit suffisamment petit pour attirer le regard sur les yeux et non sur le nez.

5 Toujours au pinceau, dessinez le contour des ailes en noir. Ajoutez une forme de goutte en bas des ailes et festonnez légèrement les bords extérieurs. Dessinez le contour du corps, en le divisant en trois segments.

Dessinez les antennes. Tracez le trait de bas en haut, en soulevant délicatement le pinceau du visage à chaque extrémité. Avec un pinceau fin, ajoutez un petit point noir tout au bout des antennes et retouchez les parties mal colorées.

6 Avec un pinceau fin et du fard noir, divisez les ailes en sections, en dessinant des festons entre le rose et le bleu. Ajoutez d'autres sections en noir et retouchez le contour si nécessaire. Toujours au pinceau, ajoutez de petits rehauts blancs sur les antennes et le corps.

Colorez les lèvres en violet à l'aide d'un Coton-Tige.

Voiture

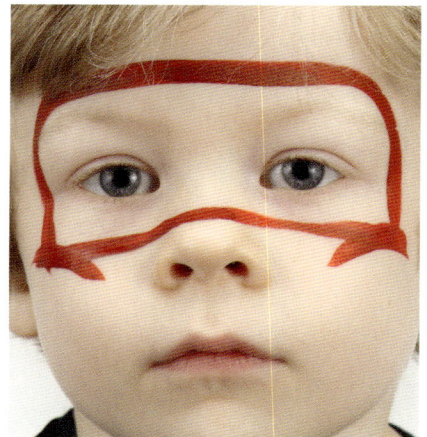

1 Avec un pinceau fin et du fard rouge, dessinez le contour du pare-brise et les ailes de la voiture. Placez les ailes sur les joues de sorte que, lorsque l'enfant sourit, la voiture sourit aussi !

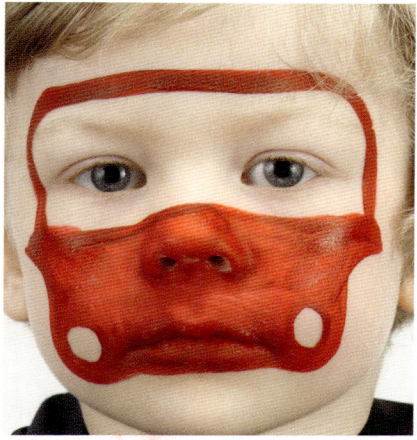

2 Avec le même pinceau et la même couleur, tracez le contour des phares sur le bas des joues et colorez la carrosserie.

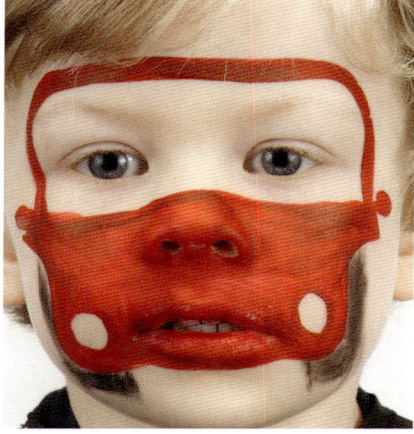

3 Ajoutez les rétroviseurs latéraux au pinceau. Marquez les pneus avec une éponge et du fard noir.

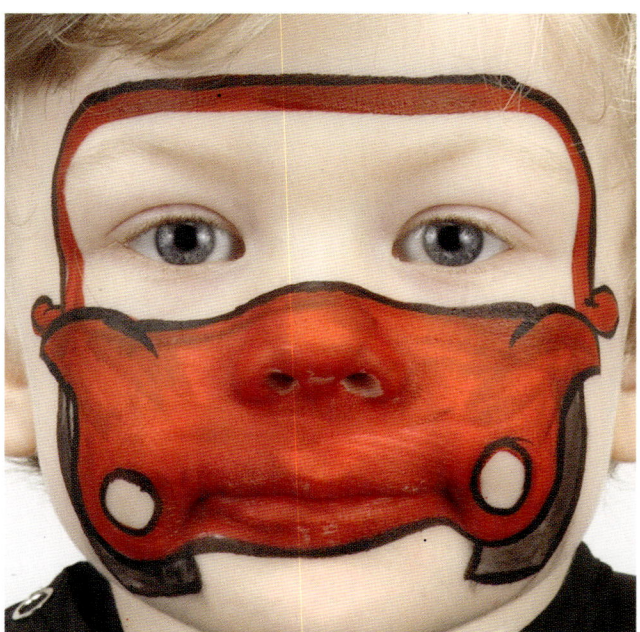

4 Chargez un pinceau fin de noir et dessinez le contour externe de la voiture et des pneus, ainsi que l'intérieur des phares.

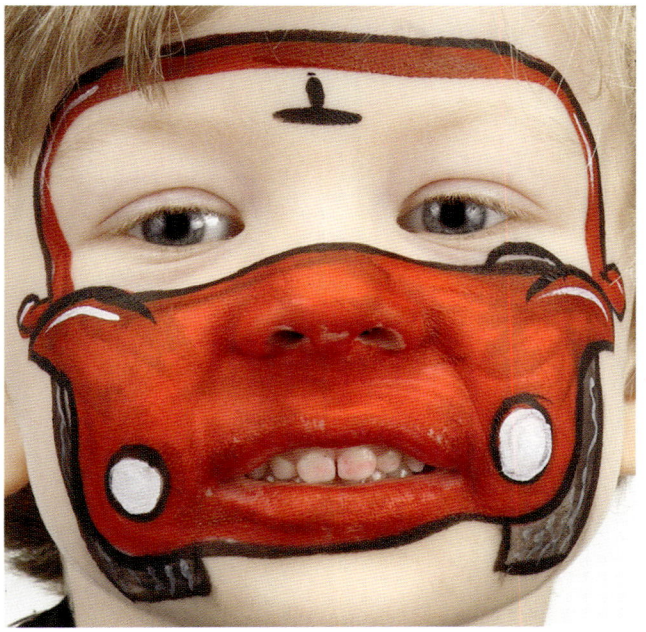

5 Ajoutez le rétroviseur du haut (en forme de T) ainsi qu'un demi-cercle pour le volant.
Chargez votre pinceau de blanc pour colorer les phares, dessiner des lignes sinueuses sur les pneus et placer les rehauts des ailes.

Chat

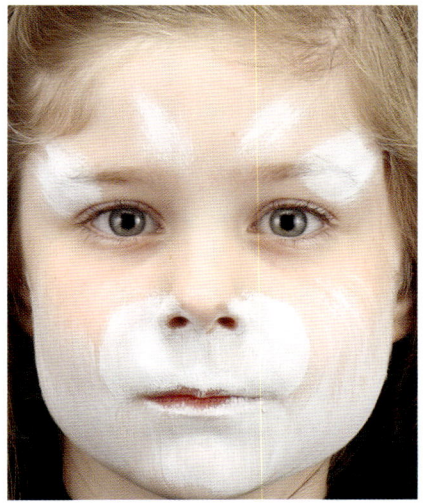

1 Avec une éponge, appliquez un fond blanc pour figurer le museau, les joues, les yeux et les oreilles.

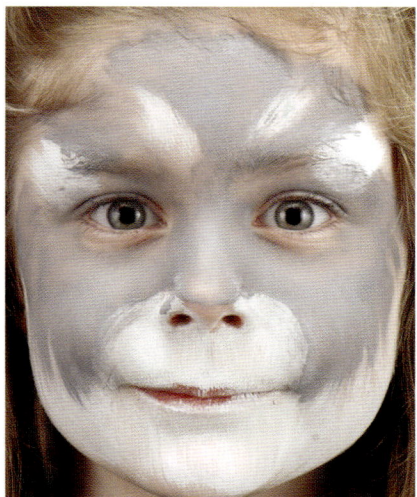

2 Colorez le reste en gris, toujours à l'éponge. Appliquez le fard comme pour imiter la fourrure, en allant vers le bas depuis le dessous des yeux et vers le haut depuis le dessus.

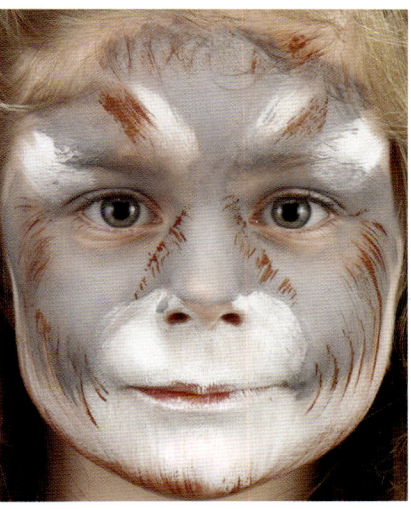

3 Avec une éponge, placez quelques touches brunes rayonnant autour des yeux, ainsi qu'en bas du menton et de la mâchoire.

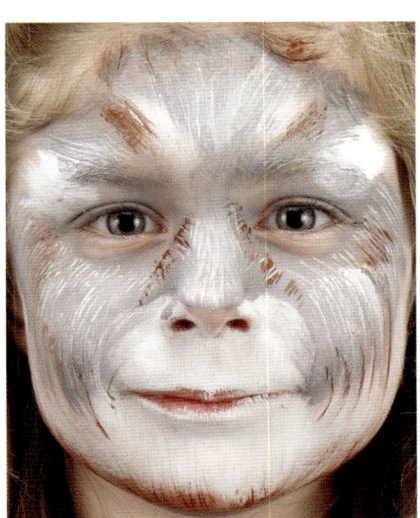

4 Dessinez délicatement de la fourrure blanche sur les parties grises. Les traits à l'éponge doivent être de même épaisseur que les précédents en brun.

5 Avec un pinceau fin et du fard noir, dessinez de fines lignes autour de l'arcade sourcilière, afin de suggérer la fourrure. Ajoutez les cils, délimitez les babines et colorez le bout du nez.

6 Toujours avec le pinceau et le fard noir, tracez un trait sous les yeux, colorez les lèvres et ajoutez les petits points à la base des moustaches.

Prenez du fard blanc et dessinez un trait sous l'œil pour bien marquer le contraste avec le noir. Terminez par les moustaches.

Caméléon

1 Avec une éponge et du fard vert clair, dessinez le caméléon. Commencez par la tête autour de l'œil droit, puis faites le corps le long de la joue et dessinez la queue sous la bouche, qui se terminera de l'autre côté du visage.

Dans la même couleur, ajoutez le motif de feuilles sur le côté gauche du visage. Pochez avec l'éponge pour obtenir un fond opaque. Retouchez les bords si nécessaire et essuyez éventuellement la couleur avec un mouchoir en papier. Ensuite, avec une éponge, ombrez certaines parties du corps du caméléon et des feuilles en vert foncé.

2 Avec un pinceau fin chargé de vert clair, ajoutez les pattes.

3 Dessinez le contour du caméléon et des feuilles au pinceau et au fard noir. Ajoutez les détails des feuilles et de la crête du caméléon avec la même couleur.

4 Toujours au pinceau, appliquez des rehauts blancs sur le corps du caméléon en traçant de fines lignes contre les traits noirs. Toujours en blanc, dessinez une abeille sur le front et quelques fleurs autour des feuilles. Ajoutez une touche jaune sur le corps de l'abeille avec la pointe du pinceau.

5 Toujours au pinceau, dessinez un fin contour noir autour des yeux de l'abeille et formez les rayures de son corps. Dessinez les pétales des fleurs près des feuilles et du caméléon, puis ajoutez des ronds roses au centre avec la pointe du pinceau, en lui imprimant un mouvement circulaire.

Clown

1 Préparez votre pot de fard en associant des bandes de couleur fluo, puis passez l'éponge une fois sur le pot afin de la charger de coloris arc-en-ciel.

Formez un arc-en-ciel au-dessus des yeux. Remplissez l'intérieur de l'arc avec le coin de l'éponge chargé de fard vert.

2 Passez la même éponge « arc-en-ciel » autour de la bouche, en l'appliquant de gauche à droite d'un seul mouvement.

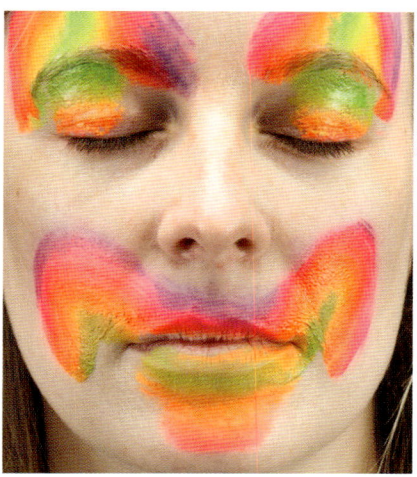

3 Inversez l'arc-en-ciel sur les paupières et le menton, afin de créer une sorte de reflet. Avec un Coton-Tige, nettoyez les éventuelles bavures et retouchez les bords.

4 Dessinez le contour des trois arcs-en-ciel en violet à l'aide d'un pinceau fin. Profitez-en pour retoucher le bord de la partie passée à l'éponge.

Remplissez les « manques » accidentels avec un pinceau chargé de fard rose. Estompez et corrigez les bords.

5 Avec un pinceau fin, ajoutez une ligne de contour bleu foncé autour de la ligne violette. Suggérez des coulures sous les yeux et la bouche, puis ajoutez des bulles d'eau sur le reste du visage, dans la même couleur.

Colorez les gouttes et les bulles avec un pinceau chargé de fard bleu clair.

6 Délimitez les parties colorées avec un pinceau fin chargé de blanc. Avec le même pinceau, ajoutez une ligne bleu foncé pour définir la bouche et terminer le sourire. Ajoutez un cercle rose sur le bout du nez, puis dessinez son contour en bleu bordé de blanc. Posez de l'eye-liner bleu foncé le long de la paupière supérieure, près des cils ; laissez les yeux fermés quelques minutes en attendant qu'il sèche.

33

Poissons-bisou

1 Appliquez la couche de fond des deux poissons à l'éponge. Dessinez un ovale rose fluo et un autre bleu clair. N'oubliez pas que les deux ovales doivent se toucher au milieu de la bouche pour donner l'impression qu'ils s'embrassent.

2 Avec un pinceau fin et du fard rose fluo, ajoutez les nageoires et la queue du poisson de gauche. Avec le même pinceau et du fard bleu clair, dessinez celles du poisson de droite.

3 Tracez le contour des deux poissons en noir – y compris leurs nageoires et leur queue –, toujours au pinceau.

4 Ajoutez les yeux, les ouïes et les nageoires pectorales, toujours en noir.

5 Avec un pinceau fin chargé de fard blanc, colorez les yeux et ajoutez des rehauts sur le corps, les nageoires, la queue et la bouche de chaque poisson. Ajoutez quelques bulles blanches, que vous soulignerez de bleu marine pour plus de relief.

Fleur

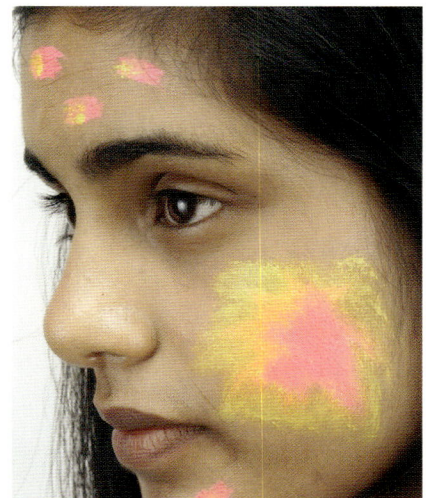

1 Marquez le centre de la fleur avec une éponge et du fard rose. Ajoutez également quelques touches roses sur le front et le menton. Appliquez des touches de jaune autour du rose pour suggérer les pétales.

2 Dessinez des feuilles vertes à l'aide d'une éponge, puis placez des rehauts vert clair sur les feuilles avec l'arête de l'éponge.

3 À l'aide d'un pinceau fin, dessinez le contour de la fleur en blanc. Tracez des lignes blanches sur les pétales, en travaillant de l'extérieur vers l'intérieur.

4 Avec un pinceau fin, dessinez une étamine blanche au centre de la grosse fleur, terminée par une étoile. Ajoutez le centre rouge, en le faisant plus foncé près de l'étamine et en l'étirant jusqu'au bout des pétales. Ajoutez des points rouges à l'extrémité de l'étamine et foncez la base des petits boutons de fleur avec du rouge.

Dessinez le contour et les rehauts des feuilles en blanc, puis tracez le contour des boutons.

5 Toujours au pinceau, ajoutez des tiges vertes aux boutons, afin de les relier à la fleur. Mélangez du fard noir avec du fard vert foncé et ombrez le dessous des feuilles et des tiges au pinceau.

6 Déposez de petits points blancs autour de la fleur avec la pointe du pinceau. Ajoutez enfin quelques rehauts sur les tiges.

Girafe

1 En vous aidant d'images ou de photos, dessinez la forme générale de la girafe avec un pinceau large et du fard blanc. Avec le même pinceau, placez des touches brun orangé le long du cou et du dos pour ajouter du relief.

2 Dessinez l'herbe avec un pinceau fin et du fard vert foncé, en la faisant plus épaisse en bas et plus fine à l'extrémité des brins. Avec le même pinceau, ajoutez des traits vert clair pour donner un effet de texture.

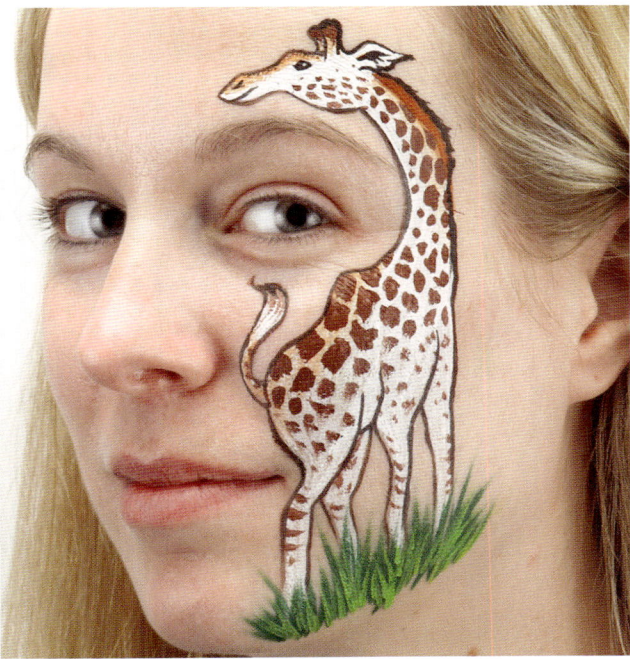

3 Dessinez le pelage réticulé à l'aide d'un pinceau fin et de fard brun. Placez les grandes taches sur le haut du dos et du cou, et les plus petites sur la tête, à l'intérieur du cou et sur le ventre. Ajoutez les rayures des pattes et colorez le bout des cornes. Ensuite, esquissez une bande brune le long du cou pour suggérer la crinière.

4 Toujours au pinceau, dessinez les yeux et la bouche en noir. Enfin, ajoutez les détails des oreilles et de la queue, et tracez le contour du corps en noir.

Chauve-souris

1 Chargez l'extrémité d'une éponge de bleu clair et esquissez la tête et le corps de la chauve-souris sur l'arête du nez. Dessinez ensuite le contour des ailes au-dessus des sourcils puis le long des tempes, toujours dans la même couleur.

2 Avec l'éponge, colorez les ailes autour des yeux en bleu foncé. Étirez le fard en pointes jusqu'au milieu des joues avec le coin de l'éponge.

3 Tracez le contour des ailes, du corps et de la tête avec un pinceau fin chargé de noir, en dessinant une ligne épaisse.

4 Avec le même pinceau, dessinez les détails de la tête, des oreilles et des ailes.

5 Toujours au pinceau, placez des rehauts blancs sur le bord extérieur des oreilles, de la tête, du corps et des ailes. Terminez en colorant l'intérieur des yeux.

Jaguar

1 À l'aide d'une éponge, appliquez du blanc sur les parties claires de la fourrure : autour de la bouche, sur les joues, sur les yeux et sur le front pour les oreilles.

2 Toujours à l'éponge, appliquez du fard doré sur le reste du visage pour créer la base de la fourrure. Pochez du brun sur le nez, les yeux, les oreilles et le haut du front.

3 Tracez le contour de la tête à l'aide de petits traits noirs réalisés au pinceau fin. Faites de même à l'intérieur des oreilles.
   Toujours avec le pinceau et le fard noir, dessinez le contour du museau et tracez un trait sous les yeux. Ajoutez de petits points sur les babines.

4 Toujours au pinceau, dessinez des taches noires sur la tête, en commençant par les petits points sous les yeux. Puis, en travaillant de haut en bas à partir du front, ajoutez le reste des taches, en les faisant toujours plus petites autour des yeux et du nez.

5 Avec du fard blanc, dessinez une ligne blanche sous les traits noirs de la paupière inférieure. Enfin, dessinez de fines moustaches blanches avec le même pinceau.

43

Chevalier

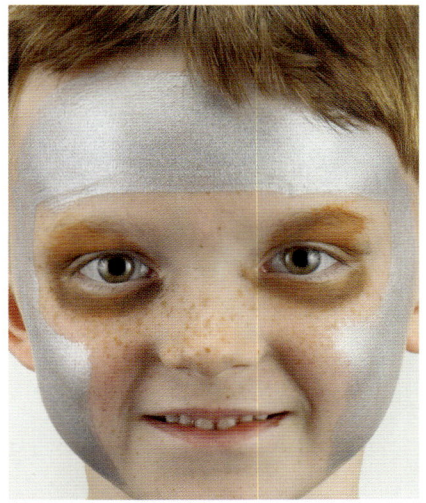

1 Avec une éponge, appliquez du brun foncé au-dessus et au-dessous des yeux, puis du brun clair sur les paupières, afin d'« enfoncer » les yeux.

Ensuite, chargez un côté de l'éponge avec du fard argenté et dessinez la forme du heaume. Travaillez avec de longues touches régulières, puis pochez la même couleur par-dessus pour obtenir une finition opaque.

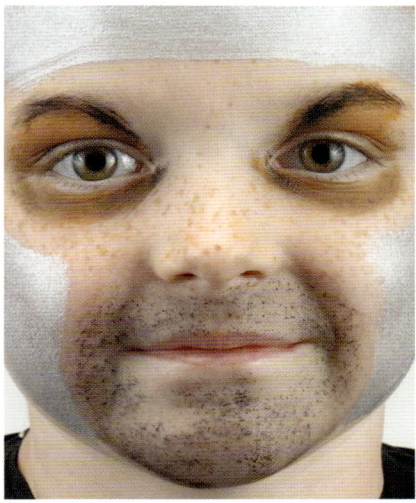

2 Chargez l'extrémité d'une éponge de noir et pochez légèrement pour créer un effet « mal rasé ». Avec l'arête de l'éponge, renforcez les sourcils.

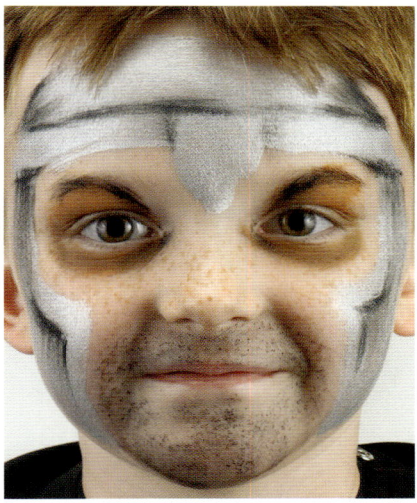

3 Toujours avec l'arête de l'éponge chargée de noir, dessinez des traits pour souligner la forme du heaume et lui donner du relief. Ajoutez la protection du nez entre les yeux avec une éponge et du fard argenté.

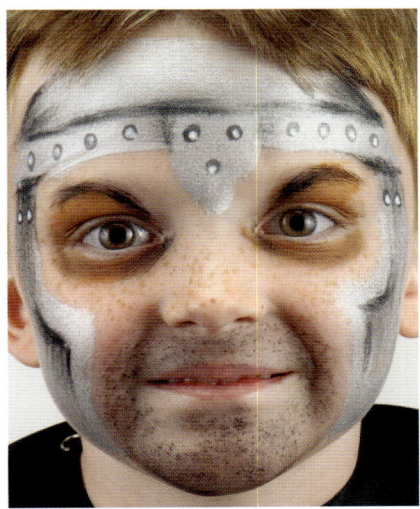

4 Avec un Coton-Tige chargé de noir, dessinez les rivets du heaume. Appliquez le Coton-Tige directement sur la peau et tournez-le pour obtenir un cercle parfait. Ensuite, chargez un autre Coton-Tige de blanc et ajoutez un petit point au centre de chaque rivet.

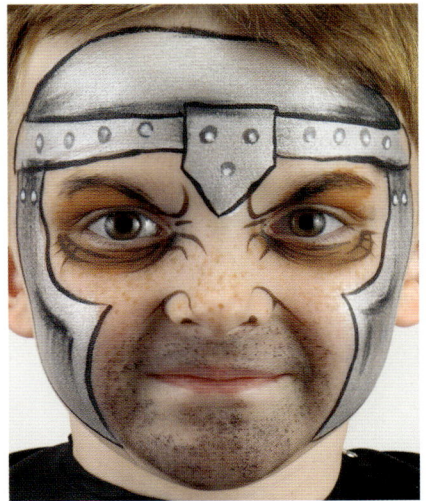

5 Tracez le contour du heaume en noir, à l'aide d'un pinceau fin.

Dessinez des pattes d'oie et des rides d'expression autour des yeux et du nez en utilisant le même pinceau chargé de brun.

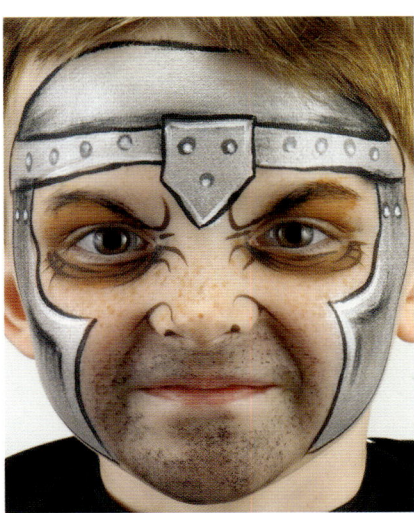

6 Pour donner l'impression que le heaume n'est pas collé au visage, ajoutez des rehauts blancs le long des bords. Tracez de fines lignes blanches contre le contour noir pour donner du relief.

Lion

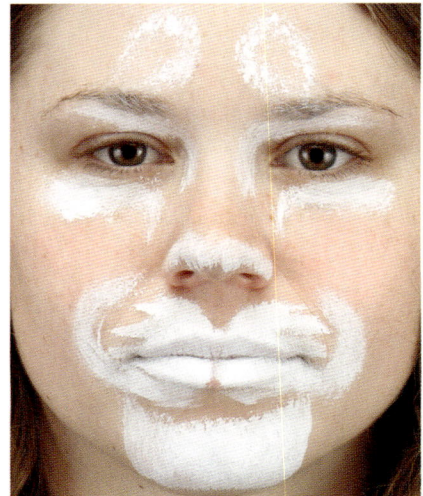

1 Appliquez une couche de fond blanche au niveau du museau et des yeux, en utilisant l'arête et le coin d'une éponge.

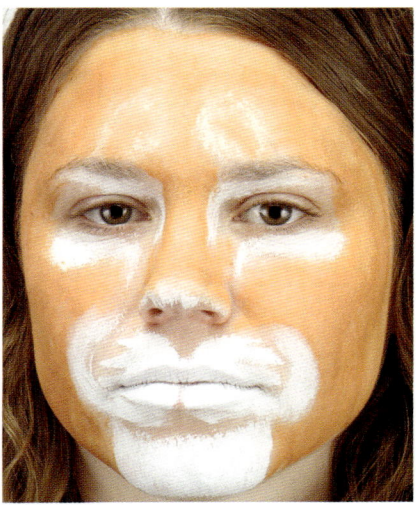

2 Appliquez du brun clair sur tout le visage, en évitant le blanc, toujours à l'éponge. Pochez les taches du front afin de les estomper.

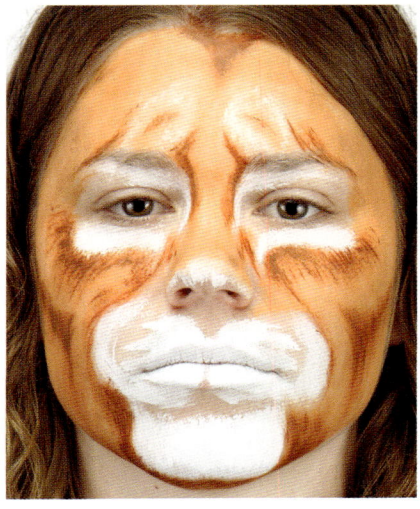

3 Avec une éponge et du fard brun foncé, ombrez le pourtour des parties blanches et dessinez un V à la naissance des cheveux. Utilisez l'éponge pour suggérer la texture de la fourrure sous les yeux ainsi que sur les joues et le menton.

4 Avec un pinceau fin et du fard noir, cernez le dessous des yeux, colorez les paupières, ajoutez une tache noire à la racine du nez, divisez le museau et tracez-en le contour. Dessinez la truffe du lion sous le nez avec le même pinceau.

5 Colorez la truffe et ajoutez de la fourrure en haut du menton, sous la lèvre, à l'aide d'un pinceau fin et de fard brun foncé. Dessinez ensuite de petits points sur les babines et ajoutez de la texture en bas du menton et de la mâchoire. Enfin, tracez quelques moustaches blanches au pinceau, de part et d'autre du museau.

Singe

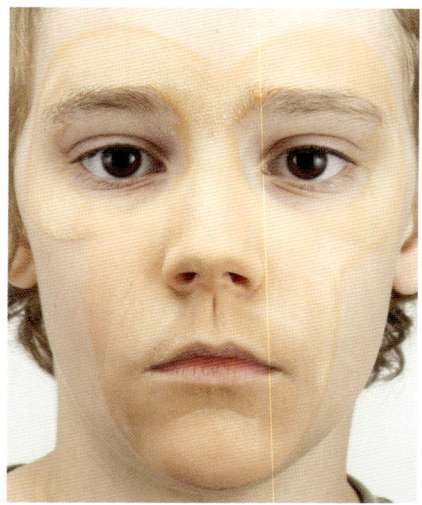

1 Avec une éponge, appliquez un fard couleur chair sur tout le visage, d'abord par touches, puis par pochage pour obtenir une finition opaque.

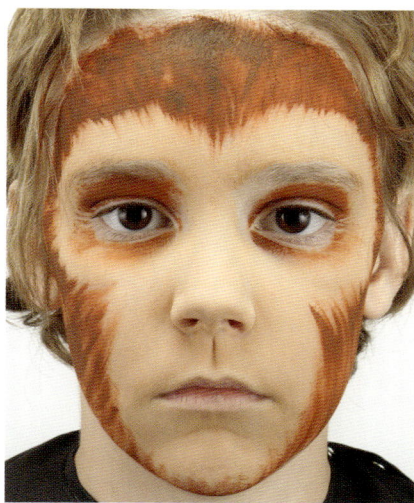

2 Esquissez des poils en travaillant de l'extérieur vers l'intérieur à l'aide d'une éponge et de fard brun. Appliquez la même couleur sur les yeux pour les « enfoncer ».

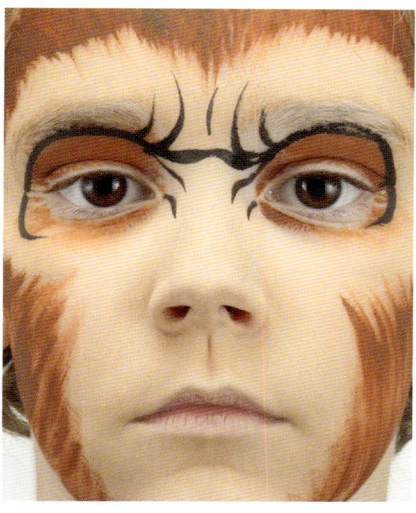

3 Dessinez le contour de la paupière supérieure (directement sous l'arcade sourcilière) à l'aide d'un pinceau fin et de fard noir. Ajoutez des rides au coin des yeux ainsi qu'à la racine du nez, toujours en noir.

4 Avec un pinceau fin, dessinez les sourcils et délimitez le pourtour des narines. Continuez à travailler les yeux à l'aide de traits noirs.

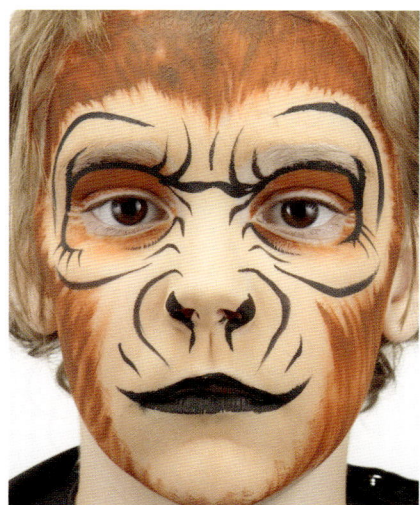

5 Toujours au pinceau et en noir, ajoutez des rides d'expression autour du nez et de la bouche, puis colorez les narines et les lèvres.

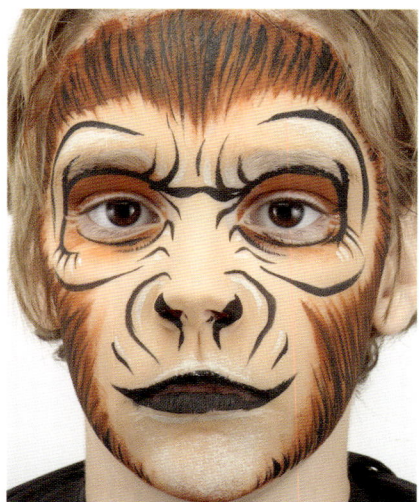

6 Sans changer de pinceau, tracez des traits noirs sur la fourrure du front, en travaillant de l'extérieur vers le centre. Les traits doivent se chevaucher. Ajoutez une fine ligne noire sous les yeux.

Avec un pinceau fin, placez des rehauts blancs le long des rides. Enfin, avec une éponge, pochez les rehauts sur les sourcils et le menton.

Nuit étoilée

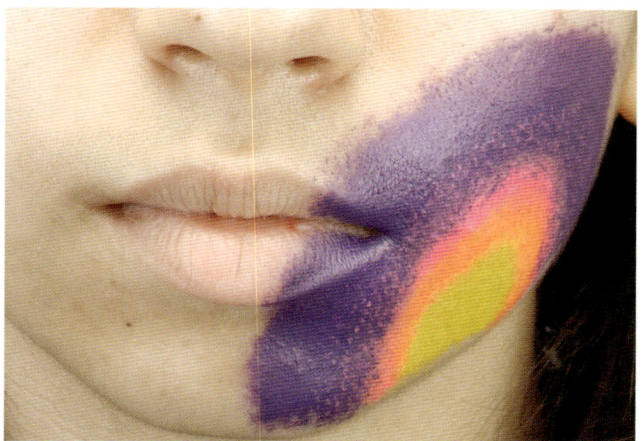

1 À l'aide d'éponges, dessinez un coucher de soleil en bas de la joue gauche, en commençant par le centre jaune. Ajoutez une bande de rose fluo autour, en pochant dans le jaune. Ensuite, dessinez une large bande de violet pour créer le halo extérieur du coucher de soleil.

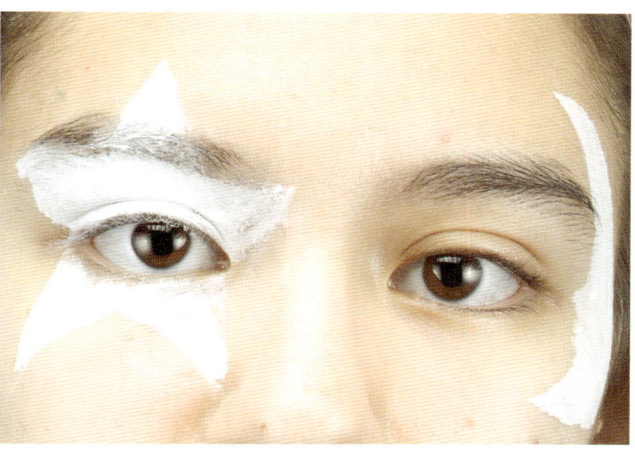

2 Avec une éponge, appliquez du blanc pour suggérer la lune sur la tempe gauche et l'étoile sur l'œil droit.

3 Toujours à l'éponge, appliquez du bleu foncé autour du coucher de soleil, de la lune et de l'étoile. Avec un pinceau fin chargé de la même couleur, délimitez les bords de l'étoile et de la lune.

4 Avec un pinceau fin chargé de noir, dessinez un œil « gentil », un nez et un sourire sur la lune, et ajoutez des ombres sous la lune et l'étoile.

Avec un pinceau chargé de blanc, dessinez de petites étoiles dans le ciel nocturne et retouchez éventuellement l'étoile principale. Ajoutez une étoile filante sur le front et des petits points pour figurer les étoiles les plus petites.

Paon

1 Avec une éponge, appliquez du bleu métallisé autour de l'œil gauche pour former la tête du paon. Appliquez du vert métallisé le long de la joue pour suggérer le plumage, en le mélangeant au bleu du dessous de l'œil.

2 Toujours à l'éponge, pochez du fard doré directement sur le vert, en travaillant de haut en bas.

3 Au pinceau fin, ajoutez du blanc dans les espaces vides du pourtour de l'œil. Retouchez le bord des parties appliquées à l'éponge avec le même pinceau chargé de bleu métallisé.

4 Toujours au pinceau, ajoutez du bleu clair sur les plumes de la queue, en agrandissant les cercles en forme de croissants de lune de plus en plus gros. Colorez l'intérieur des cercles bleus en violet métallisé.

Soulignez le dessous des cercles colorés avec un mélange de brun et de doré, puis ajoutez les barbes dans la même couleur.

5 Au pinceau, ajoutez de petits points noirs au centre des cercles colorés. Puis, toujours en noir, tracez le contour de l'œil, du bec et de la tête.

6 En commençant en haut de la tête, dessinez de très fines lignes violet métallisé pour suggérer l'aigrette. Ensuite, plongez l'extrémité du manche du pinceau dans du fard blanc pour appliquer de tout petits points au bout de l'aigrette.

Avec un Coton-Tige, dessinez le contour des lèvres en bleu et violet métallisé, puis colorez-les en vert. Déposez une fine couche de fard doré sur le vert.

Petit cochon

1 À l'aide d'une éponge, appliquez un fond rose sur tout le visage. Ensuite, ajoutez un peu de relief en fonçant le dessous des oreilles et les joues avec une éponge chargée d'un mélange de rose et de violet, additionné d'une touche de rouge.

2 Au pinceau, dessinez le contour des oreilles, du groin et de la tête avec du noir.

3 Toujours au pinceau et avec du fard noir, dessinez les cils et les détails du groin. Colorez les narines et les lèvres avec un mélange de rouge et de rose, puis ajoutez des rehauts blancs sur le front, les oreilles, le groin et les joues. Enfin, repassez les lèvres avec le mélange de rouge et de rose.

Princesse

1 Appliquez un fond doré sur le front afin de suggérer une couronne ; utilisez le bord de l'éponge pour pocher les pointes de la couronne. Retouchez les bords à l'aide d'un Coton-Tige.

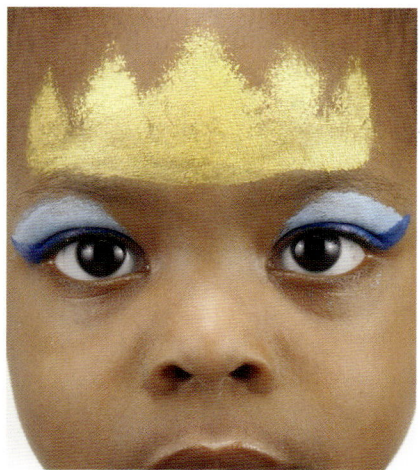

2 Appliquez de l'ombre à paupière bleue à l'aide d'une éponge. Faites ressortir les yeux avec un trait d'eye-liner bleu foncé appliqué avec l'arête de l'éponge.

3 Appliquez du rose avec l'extrémité de l'éponge, en lui imprimant un mouvement circulaire pour créer de jolies joues rondes. Colorez les lèvres en rose à l'aide d'un Coton-Tige.

4 Avec un pinceau fin, dessinez un losange rose au milieu de la couronne. Avec le même pinceau chargé de blanc, esquissez les volutes et décorations de la couronne, ainsi que le festonnage des pointes.

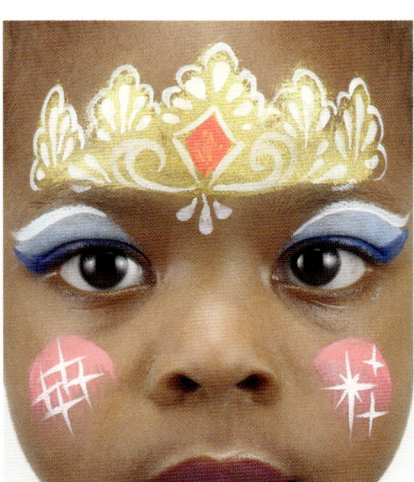

5 Toujours au pinceau et avec du blanc, dessinez quelques étoiles sur les joues et tracez un rehaut au-dessus du fard à paupière bleu.

6 Avec du fard noir, tracez le contour de la couronne et des détails intérieurs, puis dessinez des cils.

Chiot

1 Avec une éponge et du fard blanc, dessinez les oreilles et les babines. Laissez de la place à droite de la bouche pour la langue.

2 Toujours à l'éponge, ajoutez un cercle noir autour de l'œil gauche et une tache noire au bout du nez.

3 Dessinez une langue rose à l'éponge, puis pochez quelques rehauts blancs. Tracez le contour de la langue avec un pinceau fin et du fard rouge.

4 Avec du fard noir, dessinez le contour des oreilles, retouchez le bord de l'œil et du nez, puis ajoutez des points à la base des moustaches et marquez le contour du museau.

Arc-en-ciel

1 À l'aide d'une éponge, dessinez les deux premières bandes de l'arc-en-ciel comme pour former un 8. Commencez par une bande bleue, puis ajoutez du vert clair de part et d'autre du bleu, en évitant l'arête du nez.

2 Ajoutez une bande jaune de part et d'autre du vert, puis une bande orange contre la jaune. Vous remarquerez qu'en raison de la forme arrondie du motif, chaque trait de couleur est plus court que le précédent.

3 Ajoutez une bande rose contre l'orange, puis terminez par une bande violette. Avec une éponge, dessinez des nuages violets au-dessus de l'œil gauche et au-dessous de l'œil droit, terminant ainsi le 8.

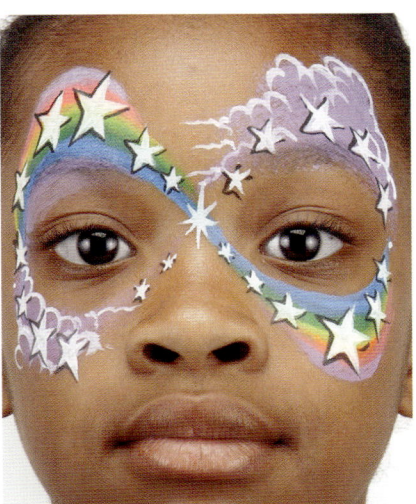

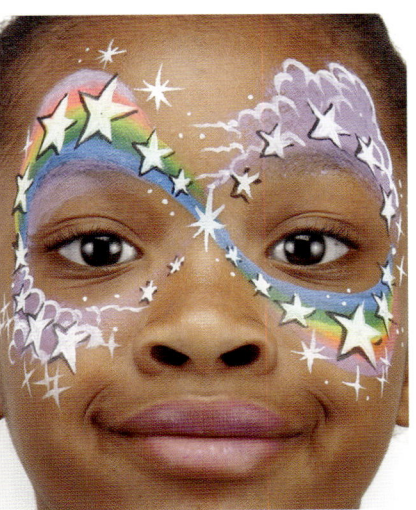

4 Avec un pinceau fin et du fard blanc, esquissez les détails des nuages et ajoutez des étoiles sur l'arc-en-ciel. Les étoiles doivent être plus petites sur les parties les plus fines et plus grosses sur les parties larges. Faites plus de branches à l'étoile centrale pour donner l'impression qu'elle scintille.

5 Toujours au pinceau, tracez délicatement le contour des étoiles avec du fard noir.

6 Ajoutez de fines étoiles blanches ici et là, puis colorez les lèvres en rose à l'aide d'un Coton-Tige.

Impératrice

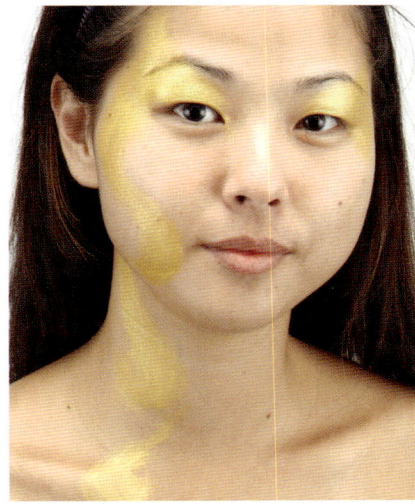

1 À l'aide d'une éponge, appliquez un fond doré sur les yeux. Estompez la couleur vers l'extérieur avec le côté sec de l'éponge. Appliquez également du doré sur la joue droite et sur le côté droit du cou, en effectuant des mouvements de volute.

2 Avec un pinceau fin chargé de blanc, dessinez les lignes décoratives. Commencez par esquisser des volutes au-dessus des yeux, en soulignant le bord du fard doré. Dessinez des gouttes sur le côté des yeux, en appliquant le blanc directement sur le fond doré.

3 Continuez à développer votre thème décoratif sur le visage et le cou, en appliquant le blanc directement sur le fond doré. Dessinez d'autres petites touches au-dessus des sourcils et sur le côté des yeux.

4 Ombrez le dessous des formes et volutes blanches avec un pinceau chargé de noir. Ensuite, tracez le contour des paupières supérieures à l'aide d'un trait noir épais.

5 Continuez à ombrer le motif, en rajoutant des lignes noires sur les volutes du cou. Appliquez de l'eye-liner noir sous les yeux. Colorez les lèvres en rose métallisé à l'aide d'un Coton-Tige, puis recouvrez-les d'une couche de fard doré.

Tigre

1 Avec une éponge et du fard blanc, formez des taches directement sur les paupières. Appliquez le blanc du museau en laissant un V pour les narines. Mettez également du blanc sur les joues et le menton, en appliquant le fard du centre de la joue vers les oreilles. Dessinez de fines taches blanches sous les yeux.

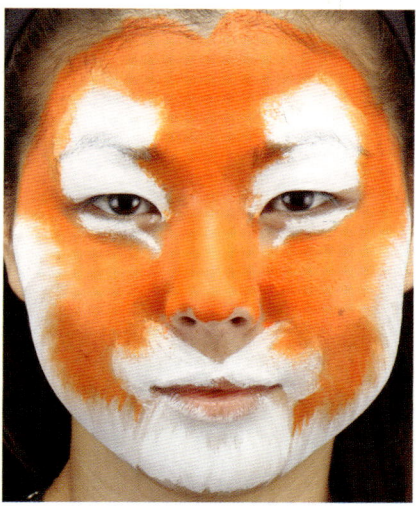

2 Appliquez le fond orange de la fourrure, puis pochez-le sur le blanc afin de mélanger les couleurs.

3 À l'aide d'une éponge, appliquez du fard brun au coin des yeux et sur les côtés du nez. Dessinez un V sur le front, à la naissance des cheveux, et ajoutez du brun dans le prolongement des cils afin d'agrandir les yeux. Estompez avec le bord de l'éponge.
Colorez le dessous du nez en orange, puis appliquez-y du rose pastel au pinceau fin. Avec un pinceau large et du fard noir, délimitez les lèvres et le museau.

4 Développez la forme des yeux avec un pinceau fin et du fard noir. Ajoutez de petits points noirs sur les babines, en les faisant plus petits au centre. Suggérez la fourrure à la base du museau et du menton, en travaillant de bas en haut.

5 Avec un pinceau large et du fard noir, dessinez les rayures. Commencez sous les yeux, en produisant des touches en forme de gouttes effilées. Veillez à ce que le motif soit parfaitement symétrique.

6 Toujours avec le pinceau large et le noir, ajoutez des rayures au centre du front et tout autour du visage, en vous conformant à la morphologie de celui-ci.

Licorne

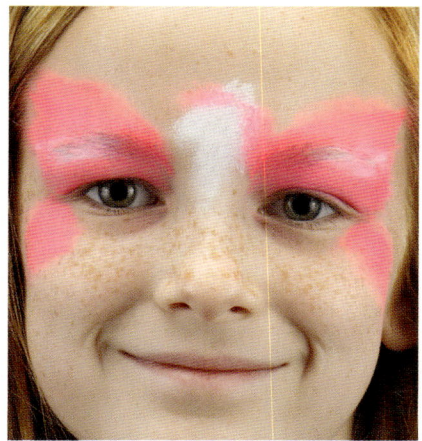

1 Chargez une éponge de blanc et dessinez une tête de cheval très simple entre les sourcils, puis appliquez des touches de blanc sur les sourcils.

Ensuite, chargez l'extrémité d'une éponge de rose et esquissez les ailes et la crinière de la licorne, en veillant à ne pas recouvrir le blanc de ses oreilles.

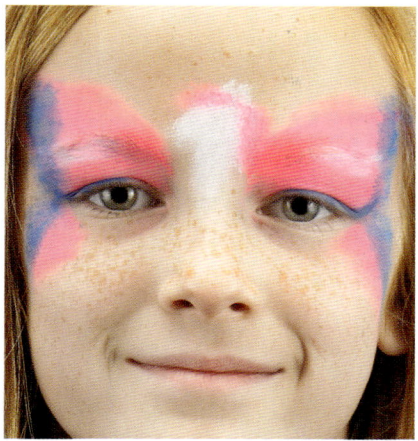

2 Utilisez l'arête d'une éponge chargée de bleu pour marquer le bord des ailes et de la crinière. Tamponnez du bleu sur le bord des ailes, en le mêlant légèrement au rose afin de créer des nuances violettes. Avec le côté propre de l'éponge, estompez et nettoyez les bords.

3 Avec un pinceau fin et du fard blanc, dessinez des lignes et des volutes en suivant la forme des ailes de la licorne. Ajoutez quelques gouttes décoratives pour embellir le tout.

4 Avec un pinceau fin chargé de noir, soulignez la tête, les oreilles, le cou et la crinière de la licorne, et dessinez une bouche, un naseau et un œil « gentil ».

5 Ombrez le bord extérieur des volutes décoratives au pinceau fin et au fard noir. Ombrez également le dessous des gouttes.

6 Dessinez la corne de la licorne au pinceau fin chargé d'un mélange de jaune et de blanc. Estompez la base de la corne dans la crinière à l'aide d'un Coton-Tige, puis ajoutez les détails de la corne au pinceau.

Mélangez du bleu et du rose et appliquez cette couleur sur les lèvres à l'aide d'un Coton-Tige. Pour un effet « féérique », ajoutez quelques larmes sous les yeux et des étoiles blanches çà et là.

Zèbre

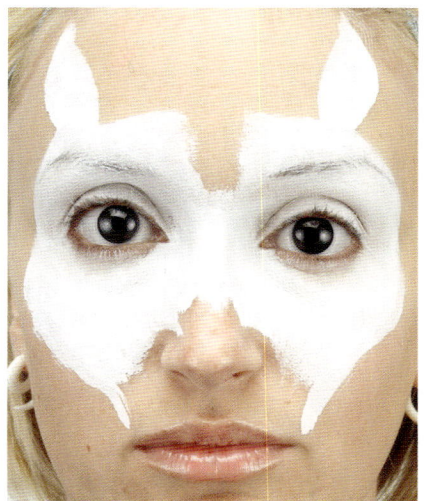

1 À l'aide d'une éponge, appliquez du blanc sur les yeux, en ajoutant des oreilles sur le front et en laissant un espace pour la crinière à la racine du nez.

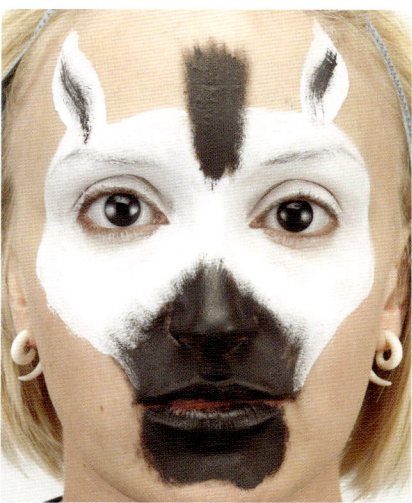

2 Toujours à l'éponge, appliquez du noir sur le museau, le nez et le menton, en l'estompant dans le blanc. Ajoutez la crinière et l'intérieur des oreilles.

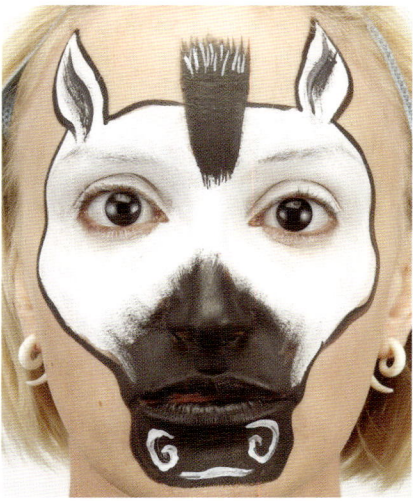

3 Tracez le contour de la tête et retouchez les oreilles et la crinière à l'aide d'un pinceau fin et de fard noir.

Avec le même pinceau, rehaussez la crinière de quelques touches blanches, puis dessinez des naseaux et un petit trait pour la bouche.

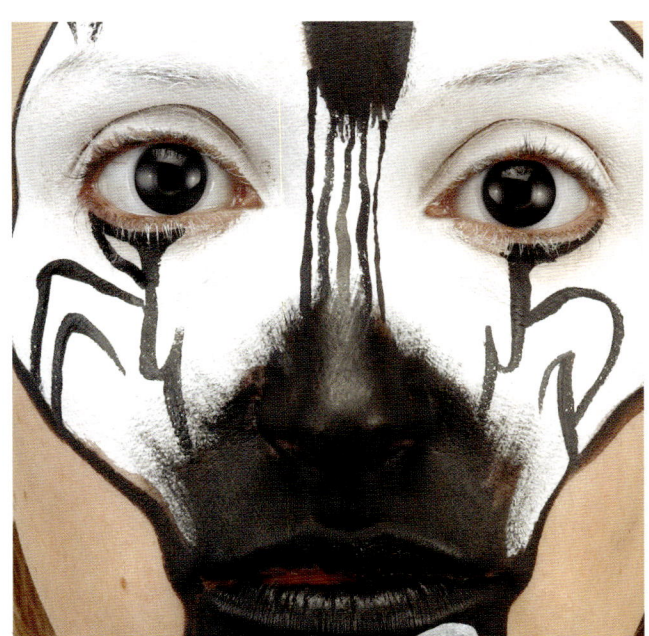

4 Avec un pinceau fin et du noir, commencez à créer le motif rayé, en traçant tout d'abord des lignes effilées au centre du visage. Ajoutez quelques rayures directement sous les yeux, en les faisant partir en travers des joues.

5 Continuez à former des rayures, en suivant le motif établi à l'étape 4. Toujours avec le même pinceau, ajoutez de l'eye-liner noir sous les yeux et ombrez le dessus des paupières avec un mélange de noir et de blanc.

LES MÉCHANTS

Rien de plus amusant que de jouer au méchant.
Avant de faire peur aux autres, il arrive aussi
qu'on se fasse peur en se découvrant dans la glace !
Ces maquillages d'épouvante sont un reflet exagéré
de toutes nos angoisses. Mais laissons libre cours
à notre imagination et, bien sûr, à notre enthousiasme !

Extra-terrestre

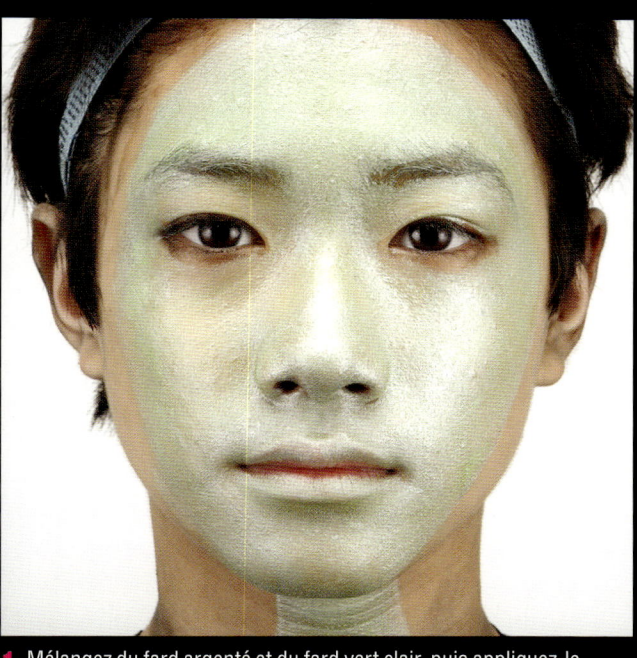

1 Mélangez du fard argenté et du fard vert clair, puis appliquez-le sur le visage et le milieu du cou à l'aide d'une éponge.

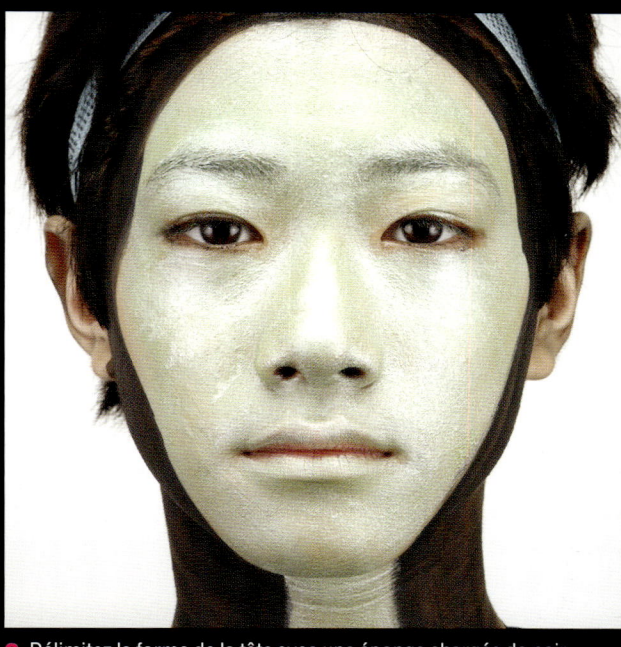

2 Délimitez la forme de la tête avec une éponge chargée de noir. Créez un fond noir autour de la tête et du cou pour les rendre plus fins qu'en réalité.

3 Ajoutez du noir sur les paupières et sur les joues à l'aide d'une éponge.

4 Avec un pinceau fin et du fard noir, retouchez les yeux et le contour du visage et du cou. Avec une éponge et du noir, ombrez le dessous du visage, en haut du cou. Mouchetez des étoiles blanches sur le fond noir en raclant le pinceau contre un carton, puis retouchez-les légèrement au pinceau.

Diablesse

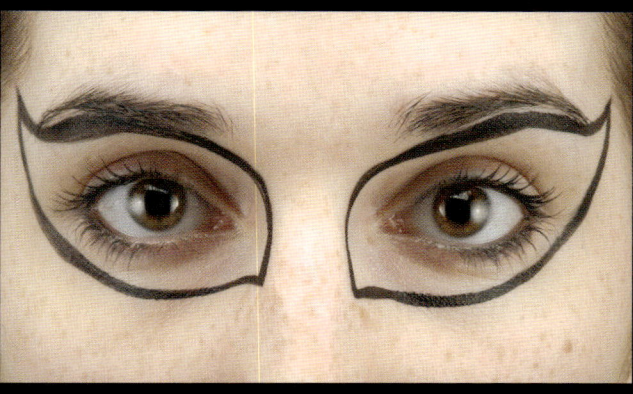

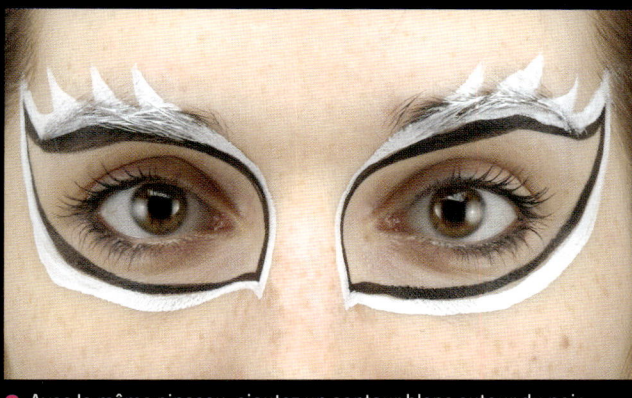

1 Avec un pinceau fin, tracez délicatement le contour des orbites en noir, en les faisant aussi symétriques que possible.

2 Avec le même pinceau, ajoutez un contour blanc autour du noir, en formant des pointes blanches en travers des sourcils.

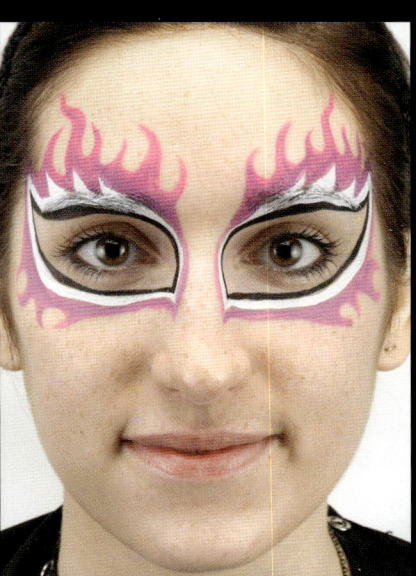

3 Soulignez la bordure blanche avec un pinceau fin chargé d'un mélange de rose fluo et de violet. Formez un motif de flammes au-dessus et en dessous des yeux.

4 Avec un pinceau fin et du fard noir, tracez le contour des flammes violettes. Ensuite, dessinez le contour d'un masque, en travaillant à partir du centre du nez, en remontant jusqu'au front et en redescendant de l'autre côté du visage.

5 Avec un pinceau large et du fard noir, colorez le masque et les lèvres. Avec le même pinceau, ajoutez de l'ombre violet métallisé sur les paupières. Dessinez le contour des yeux avec un pinceau fin chargé de noir.

Monstre

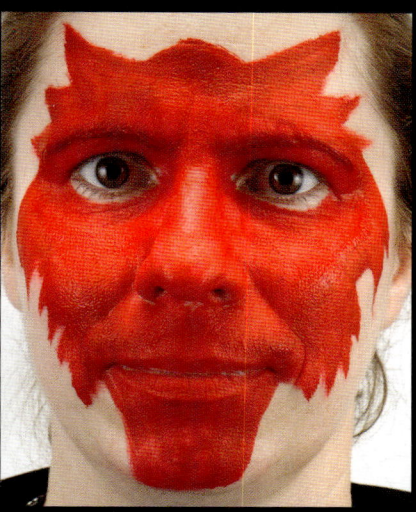

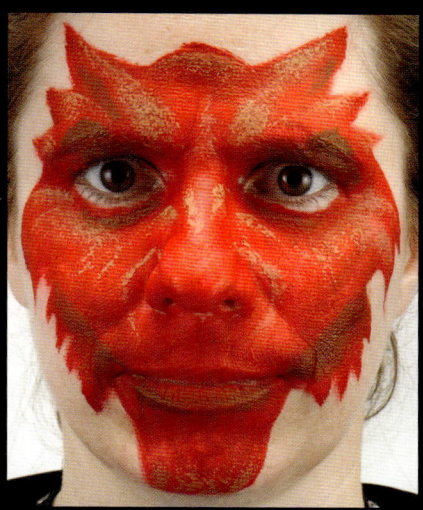

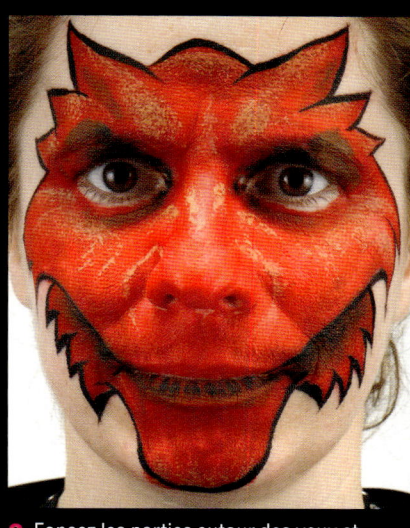

1 Avec une éponge, appliquez un fond rouge sur le visage, en utilisant l'arête pour former des bords bien nets. Travaillez du centre vers l'extérieur, en formant des pointes vers l'extérieur.

2 Pochez du fard brun avec le coin de l'éponge pour éclaircir la fourrure et accentuer les pommettes. Retournez l'éponge côté propre et estompez légèrement. Ajoutez du brun pour ombrer le dessous des yeux, de la lèvre inférieure, de la mâchoire et des cornes.

3 Foncez les parties autour des yeux et de la bouche à l'aide d'une éponge chargée de noir.

Avec un pinceau fin, tracez le contour du visage en noir

4 Dessinez les sourcils et suggérez les rides du nez au pinceau fin et au fard noir. Avec le même pinceau et la même couleur, délimitez la forme du nez et colorez les narines.

5 Formez les rides autour des yeux, puis dessinez le contour de dents ainsi que des coulures noires partant de la bouche. Colorez les dents en blanc.

6 Avec un pinceau fin et du fard blanc, placez des rehauts sur les taches brunes, en procédant par petites touches. Tracez une fine ligne blanche sous la mâchoire supérieure pour la séparer de la mâchoire inférieure.

Cyborg

1 Avec une éponge, pochez du fard gris autour de l'œil gauche et sur certaines parties du front, de la joue, de la mâchoire et du menton.

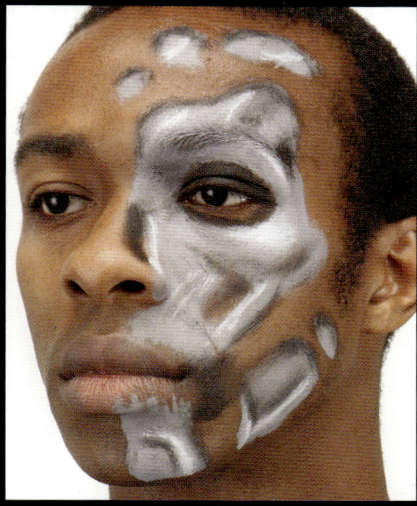

2 Toujours à l'éponge, ajoutez du noir autour de l'œil. À mesure que le fard sèche sur l'éponge, ombrez toutes les parties métalliques (grises) afin de donner l'impression qu'elles rentrent sous la peau. Ombrez le côté du nez.

Pochez des rehauts blancs le long du sourcil et de la pommette. Utilisez l'arête de l'éponge pour créer les rehauts des plaques métalliques.

3 Toujours à l'éponge, pochez du rouge autour des plaques pour figurer les meurtrissures de la chair arrachée du visage.

Avec un pinceau fin, retouchez le contour de l'œil et tracez le contour des plaques en noir.

4 Toujours au pinceau fin et avec du fard noir, dessinez les pièces mécaniques reliant les plaques entre elles, ainsi que le contour des dents.

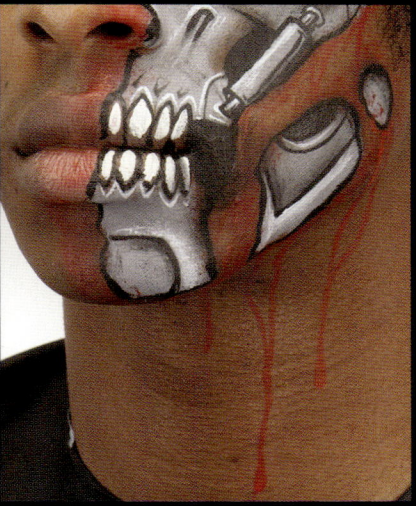

5 Colorez les dents en blanc cassé à l'aide d'un pinceau fin, puis ajoutez des rehauts blancs le long de certains contours noirs.

Avec le même pinceau, suggérez le sang qui coule en faisant glisser le pinceau de manière irrégulière.

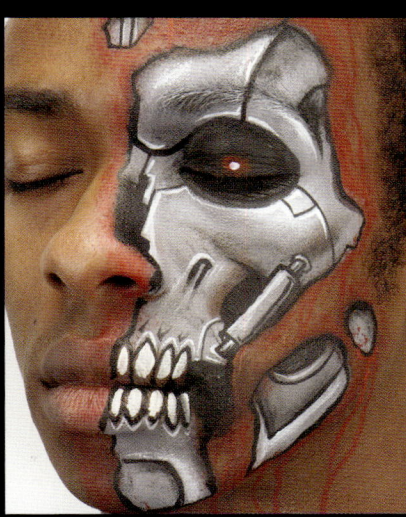

6 Pour créer l'œil du cyborg, dessinez un gros point rouge au pinceau fin sur la paupière gauche. Une fois qu'il est sec, ajoutez un petit point blanc pour former la pupille.

Dracula

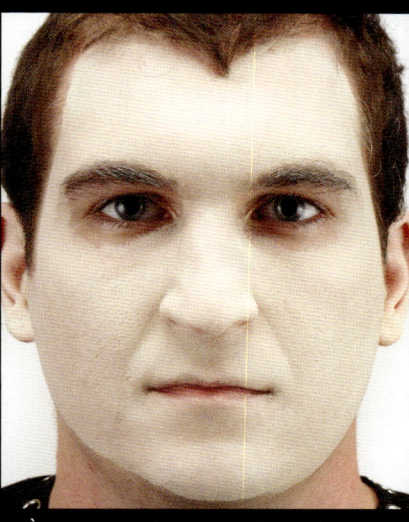

1 À l'aide d'une éponge, appliquez du blanc cassé sur tout le visage, puis pochez immédiatement cette base avec l'autre côté de l'éponge afin d'obtenir un effet aussi uniforme que possible.

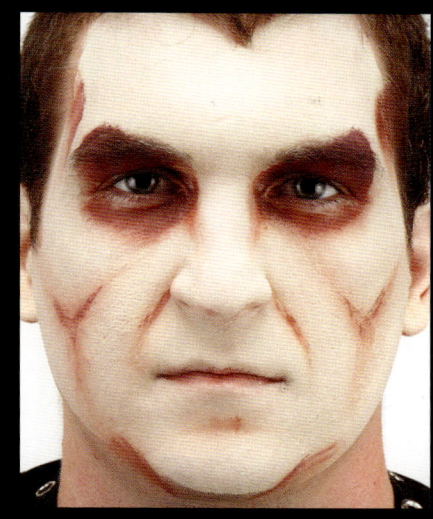

2 Mélangez du violet et du brun sur une éponge pour obtenir la couleur d'une ecchymose. Appliquez ce mélange autour des yeux et de la bouche, ainsi que sur le creux des joues. Pendant que le fard est encore humide, utilisez le côté propre de l'éponge pour l'étirer vers le bas et créer un effet plus subtil. Ombrez les tempes selon le même procédé.

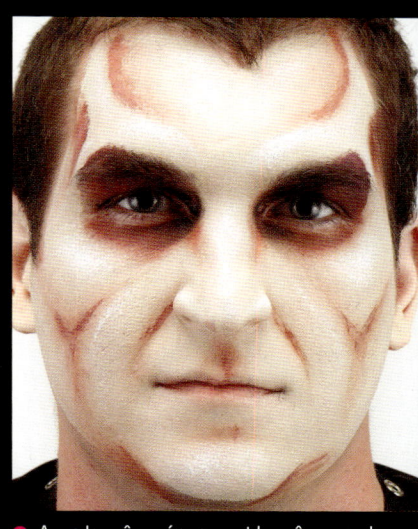

3 Avec la même éponge et la même couleur, ombrez le milieu du front ainsi que le sillon sous-nasal. Pochez ensuite des rehauts blancs autour des parties brunes pour ajouter davantage de relief.

4 Ombrez le coin interne des yeux et les paupières à l'aide d'une éponge chargée de noir.

Avec un pinceau fin, dessinez les sourcils et esquissez les rides sous les yeux.

5 Dessinez le contour des dents et colorez les lèvres en noir, puis colorez les dents en blanc. Avec le même pinceau et un mélange de bleu foncé, dessinez de fines veines à peine visibles sur le visage.

Renforcez l'ombre du nez à l'aide d'une éponge chargée de la couleur « ecchymose » (étape 2).

6 Avec un pinceau fin et du rouge teinté de noir, tracez des lignes sinueuses pour suggérer les coulures de sang autour des dents.

Mouchetez la même couleur autour de la bouche en raclant le pinceau contre un carton.

Dragon

1 Avec une éponge, appliquez un fond vert clair en forme de tête de dragon. Pochez la couleur afin d'obtenir une surface uniforme. À l'aide d'un mouchoir en papier humide, retouchez éventuellement les bords.

2 Ombrez le pourtour des yeux avec une éponge chargée de vert foncé. Utilisez l'arête de l'éponge pour ajouter des rides vert foncé autour des yeux et du nez.

3 À l'aide d'une éponge, pochez des rehauts jaunes sur le fond vert, puis appliquez un fond jaune autour de la bouche et du menton pour suggérer les flammes sortant des narines du dragon.

4 Pochez des flammes orange sur le fond jaune à l'aide d'une éponge.
Tracez le contour des traits du visage au pinceau fin chargé de noir.

5 Renforcez les rides des yeux et du nez, puis dessinez des écailles sur le visage à l'aide d'un pinceau fin chargé de noir. Continuez à placer les détails, sans oublier les rayures en haut de la tête.

6 Tracez le contour des flammes en rouge au pinceau, puis ajoutez des rehauts blancs sur les flammes avec le pinceau et l'éponge.

Démon de feu

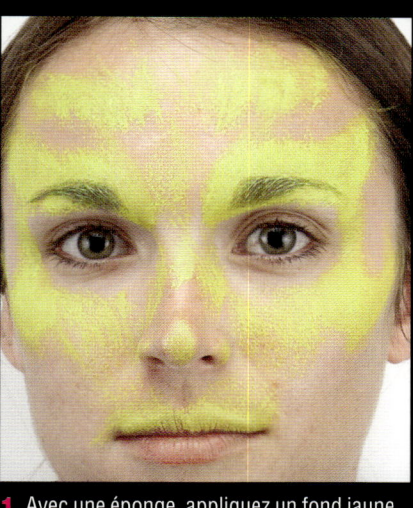

1 Avec une éponge, appliquez un fond jaune pour les flammes, en pochant la couleur au fur et à mesure.

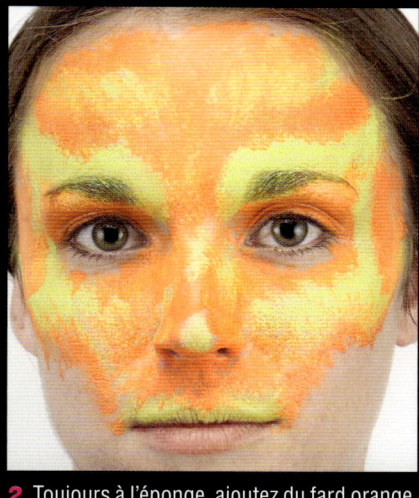

2 Toujours à l'éponge, ajoutez du fard orange sur les espaces vides situés autour du jaune.

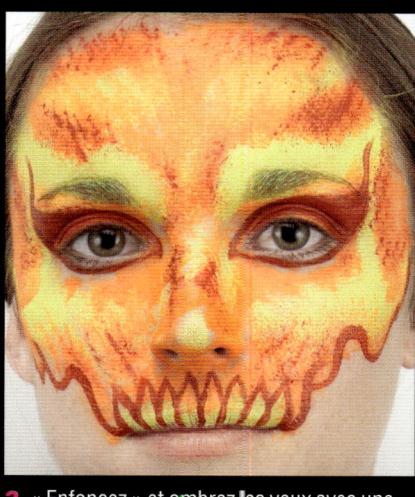

3 « Enfoncez » et ombrez les yeux avec une éponge et du fard rouge. Pochez du rouge sous les cheveux, sur le front, sur les tempes et au-dessus de la bouche pour suggérer les flammes. Avec un pinceau fin, exagérez la forme des yeux et retouchez les bords du travail à l'éponge. Ajoutez une ligne rouge sous les yeux, puis tracez le contour des dents et délimitez le bas du masque.

4 Commencez à détailler les flammes, en rajoutant des contours rouges autour des sourcils à l'aide d'un pinceau fin. Toujours au pinceau, dessinez des flammes et des ombres rouges autour du nez.

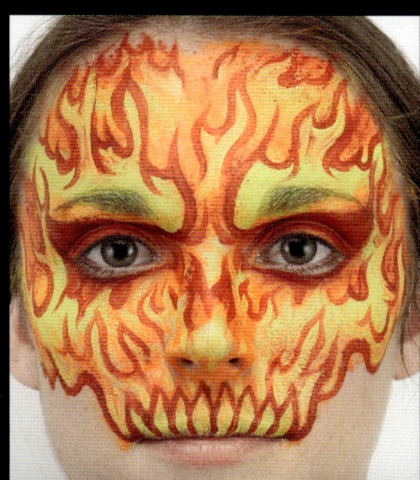

5 Continuez à développer le motif de flammes rouges sur le front et les joues. Avec le même pinceau, ajoutez des rehauts jaunes sur les flammes et colorez les dents.

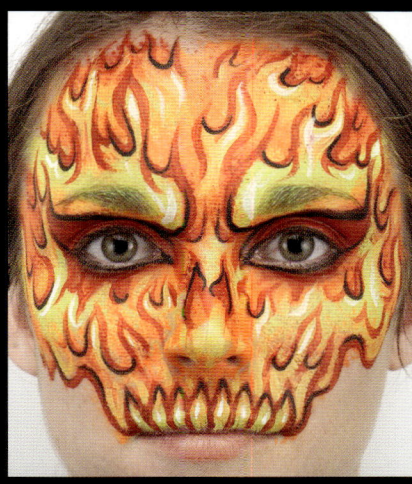

6 Soulignez les yeux de noir à l'aide d'un pinceau fin, puis ombrez le centre des flammes d'une fine ligne noire. Avec le même pinceau, tracez une ligne de sourcil noire au-dessus des yeux, puis placez des rehauts blancs sur les parties jaune vif des flammes et des dents.

Gargouille

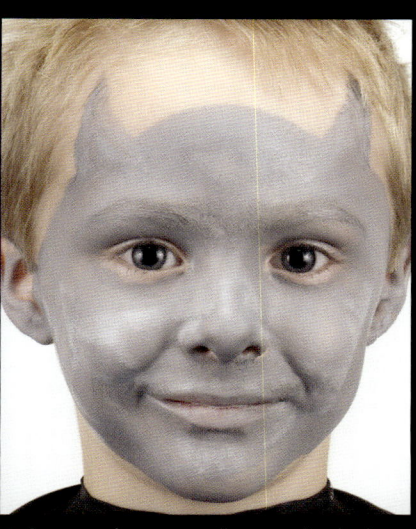

1 Avec une éponge, appliquez un fond gris uniforme sur le visage et les oreilles.

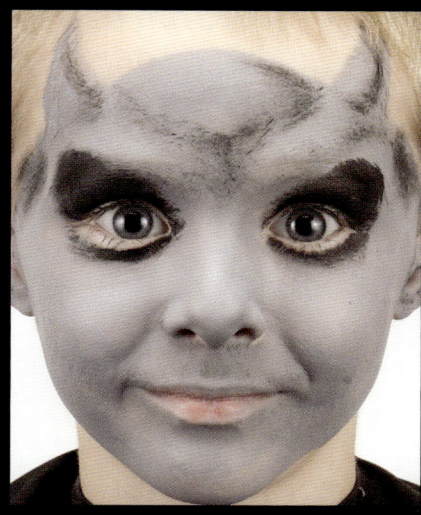

2 Ombrez les yeux, les cornes et les tempes avec une éponge et du fard noir.

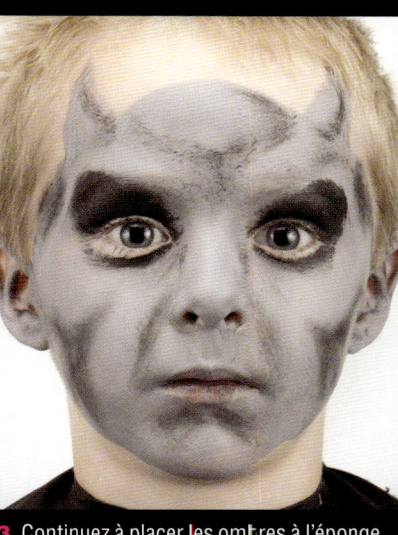

3 Continuez à placer les ombres à l'éponge, notamment sur les sillons du nez, le menton, les joues, les lèvres et les oreilles.

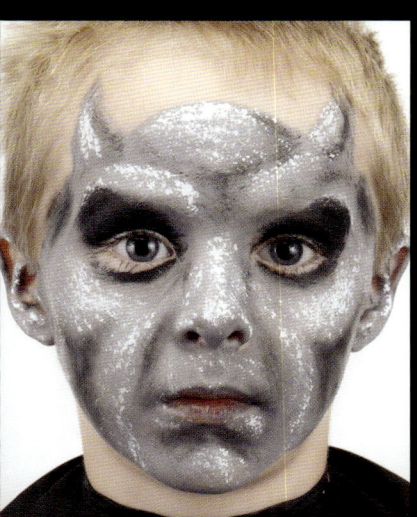

4 Avec une éponge et du fard blanc, pochez des rehauts et ajoutez de la texture, en plaçant soigneusement le blanc dans les parties non ombrées. Pour un résultat optimal et une meilleure imitation de la pierre, n'estompez pas les rehauts dans le fond gris.

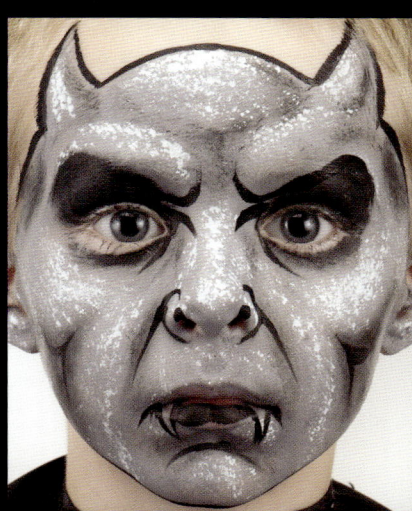

5 Avec un pinceau fin et du fard noir, tracez le contour du visage et dessinez les sourcils, les narines et le creux des joues. Toujours au pinceau, colorez les lèvres en noir et dessinez le contour des dents.

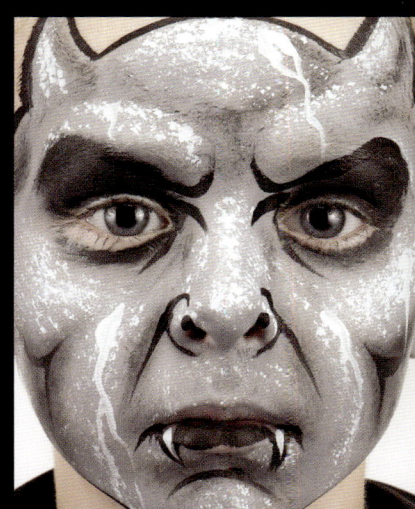

6 Avec un pinceau fin, colorez les dents en blanc. Ajoutez également quelques coulures blanches à la surface du visage, afin de suggérer la texture érodée de la pierre.

Gothique

1 Appliquez un fond blanc à l'éponge sur tout le visage, en travaillant d'abord par touches, puis en pochant la couleur pour un résultat uniforme.

2 Couvrez les yeux de bleu ciel à l'aide d'une éponge et utilisez le côté propre de l'éponge pour estomper le bleu dans le blanc. Appliquez du bleu métallisé tout contre l'œil, en l'étirant au coin et en l'incurvant vers le haut.

3 Pochez du fard à paupière gris sur les pommettes à l'aide d'une éponge.
Ensuite, soulignez le coin extérieur des yeux de noir au pinceau fin.

4 Avec un pinceau fin et du fard noir, dessinez les sourcils et les cils.

5 Toujours au pinceau, développez le réseau de lignes sous les yeux, en suivant le contour des pommettes. Avec le même pinceau, foncez le coin des paupières en bleu foncé et tracez de fines lignes bleues sur le visage pour suggérer les veines.

6 Continuez à développer le motif autour des yeux, ainsi qu'au-dessus des sourcils.
Colorez les lèvres en noir, puis ajoutez des rayures bleu métallisé dessus pour les faire ressortir.

Insecte

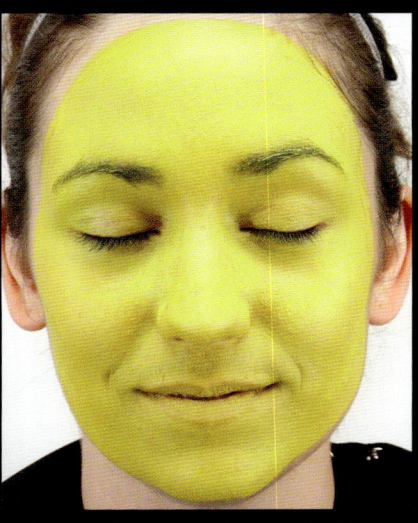

1 Avec une éponge, appliquez un fond jaune sur tout le visage.

2 Formez des plaques orange à l'éponge, puis pochez des rehauts blancs dessus.

3 Avec une éponge, ajoutez des ombres brunes sur le visage et suggérez la base d'antennes brunes de chaque côté du front.
Toujours à l'éponge, dessinez de grosses taches noires sur les yeux, puis retouchez-en le contour à l'aide d'un pinceau fin chargé de noir.

4 Tracez une fine ligne au bout du nez et délimitez la partie située entre la bouche et le nez. Avec le même pinceau et la même couleur, dessinez le contour de la mâchoire inférieure et ajoutez les détails du nez et de la bouche, en utilisant le côté du pinceau pour créer des traits larges.

5 Avec un pinceau fin et du noir, ajoutez les détails sur tout le visage, en faisant particulièrement attention à la mâchoire, au front et aux antennes.

6 Toujours au pinceau fin, placez des rehauts blancs sur les antennes et les mandibules inférieures. Avec le même pinceau, ajoutez des rehauts violets sur les yeux, en étalant le fard aussi uniformément que possible.

Halloween

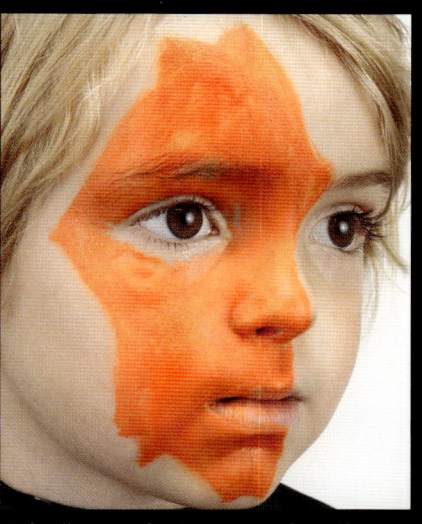

1 Appliquez un fond orange sur la partie droite du visage, en utilisant une éponge pour exécuter les formes géométriques.

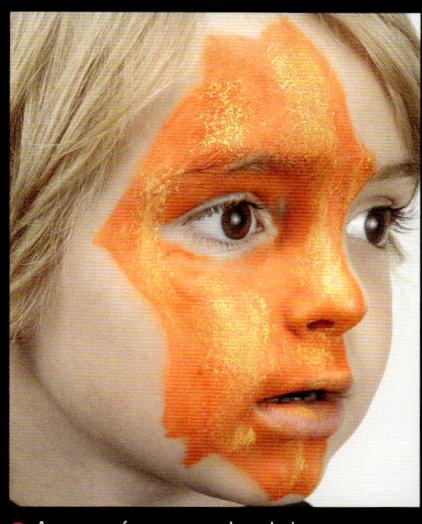

2 Avec une éponge, pochez du jaune sur le fond orange afin de suggérer la texture et ajouter de la profondeur.

3 Avec un pinceau fin et du fard noir, tracez le contour des zones orange, puis celui de l'œil. Dessinez le contour des dents, puis, toujours au pinceau, esquissez les rainures et craquelures latérales

4 Colorez l'œil en noir à l'aide d'une éponge. Avec un pinceau fin chargé de noir, retouchez les bords de l'œil et colorez le nez et la bouche.

5 Ajoutez des rehauts blancs contre les parties noires et les craquelures à l'aide d'un pinceau fin.

Mr Hyde

1 Avec le coin d'une éponge, appliquez un fond bleu turquoise sur le côté droit du visage, puis pochez-le pour le rendre opaque et uniforme. Ne colorez pas la partie où sera dessiné le sourire.

Si le modèle envisage de porter une lentille de contact colorée (comme ci-dessus), il doit la mettre à ce stade du maquillage.

2 Mélangez du vert foncé et du bleu pour créer une couleur d'ombre. Étalez cette couleur sur la tempe et autour de l'œil, du nez et du menton à l'aide d'une éponge. Utilisez l'arête de l'éponge pour tracer les traits les plus fins et servez-vous du côté propre pour estomper.

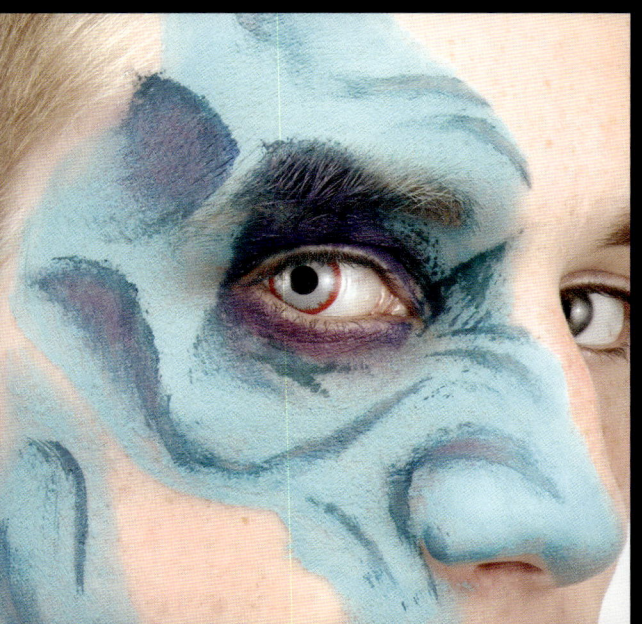

3 Toujours à l'éponge, appliquez du violet autour de l'œil afin d'« enfoncer » l'orbite. Ajoutez un peu de violet sur les ombres les plus foncées de la tempe et du nez.

4 Avec une éponge, appliquez un mélange de bleu turquoise et de blanc pour rehausser les traits du visage et ajouter de la texture. Déposez un peu de jaune sur le blanc pour faire ressortir les rehauts.

5 Avec un pinceau fin, dessinez les lèvres en rouge et soulignez l'œil
d'un trait rouge. Avec le même pinceau, cernez l'intérieur du sourire
d'une fine ligne noire.

Indiquez les dents en les soulignant en noir. Remplissez l'espace
entre les dents du haut et du bas aussi en noir.

6 Toujours au pinceau, tracez le contour du visage en noir à partir
de la tempe en remontant vers le front, puis en redescendant le long
du nez, de la bouche et du menton, avant de remonter vers la mâchoire.

Dessinez le sourcil avec le même pinceau et la même couleur,
en effectuant de petits traits rayonnant à partir du sourcil du modèle.

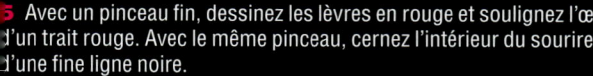

7 Dessinez à présent les rides du visage. Toujours au pinceau fin, colorez la moitié supérieure des dents en blanc et placez des rehauts blancs le long des lignes noires exécutées précédemment.

Avec un pinceau fin et du fard rose vif, colorez la gencive inférieure et déposez quelques pustules sur le visage.

8 Toujours au pinceau fin, ajoutez quelques points blancs sur la gencive. Avec une éponge, appliquez un mélange d'orange et de brun sur la moitié des cheveux, puis dessinez quelques mèches au pinceau sur le visage, dans le prolongement de la chevelure naturelle. Avec la même couleur, ajoutez quelques poils sur le menton et le sourcil.

Momie

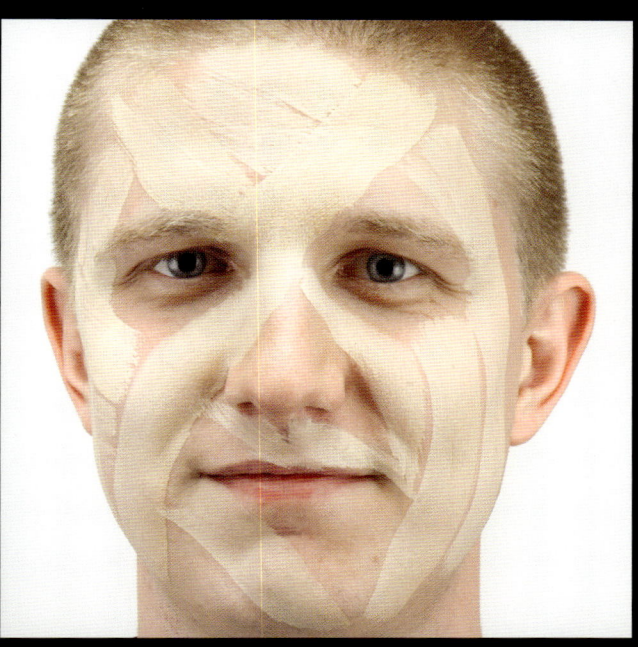

1 Chargez une éponge de blanc cassé et dessinez des bandes sur le visage. Utilisez l'extrémité sèche de l'éponge pour estomper le fard ou corriger les applications trop épaisses.

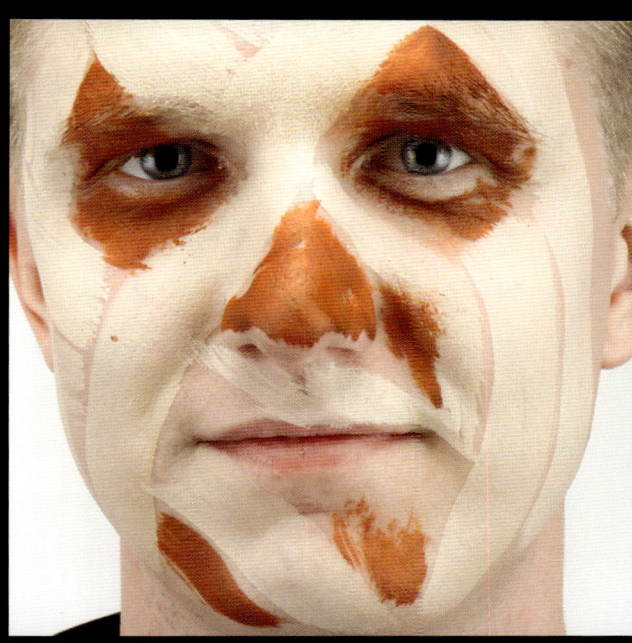

2 Chargez une éponge de brun et colorez les espaces laissés autour des yeux, du nez et de certaines parties du menton, afin de suggérer la peau visible sous les bandelettes.

3 Continuez à élaborer la peau visible à travers les bandelettes avec l'arête de l'éponge et du fard brun. Attendez que la couleur sèche un peu sur l'éponge et passez-la par-dessus les bandelettes afin de leur donner un aspect vieilli.

4 Avec une éponge sèche, appliquez du noir au coin des yeux ainsi que sur les arêtes du nez. « Salissez » également les bandelettes pour leur donner du relief, en passant la couleur dans le même sens que les bandes.

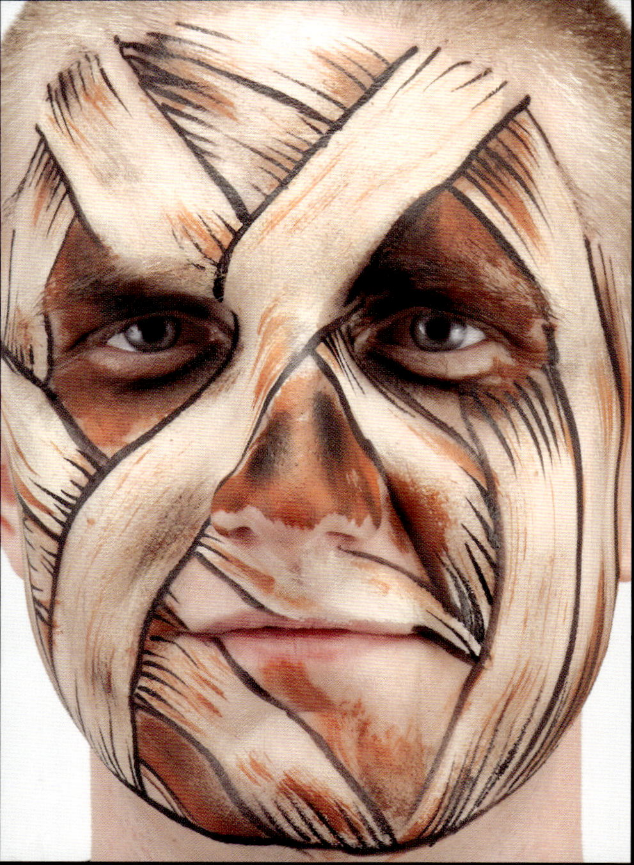

5 Avec un pinceau fin et du fard noir, dessinez le contour des bandelettes, en les faisant s'entrecroiser.
Dessinez de fines lignes noires aux endroits où les bandelettes se croisent afin d'indiquer leur sens.

6 Avec un pinceau fin, colorez et mouchetez le contour des yeux et dessinez des rides. Tracez le contour des dents avec la pointe du même pinceau. Rajoutez quelques traits sur le visage pour donner plus de texture à la peau.

7 Avec un pinceau et du fard brun foncé, dessinez un motif de contre-hachures sur les bandelettes. Puis, avec le même pinceau chargé de rouge foncé, suggérez la gencive.

8 Avec un pinceau fin, ajoutez des rehauts blancs sur les dents et le long de certains traits noirs cernant les bandelettes. Pour plus de texture, dessinez des contre-hachures blanches sur les bandelettes, entre les contre-hachures noires. Avec le même pinceau, placez quelques subtils rehauts blancs sur la gencive.

Orque

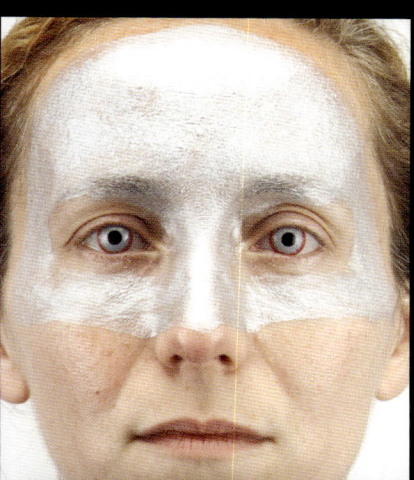

1 Avec une éponge, appliquez du fard argenté pour former le heaume, en étalant d'abord la couleur, puis en la pochant pour obtenir un effet uniforme. Avec un pinceau fin, délimitez le bord du heaume.

Si le modèle envisage de porter des lentilles de contact colorées (comme ci-dessus), il doit les mettre à ce stade, afin d'éviter que le maquillage ne coule.

2 À l'aide d'une éponge, appliquez un fond noir sur le contour des yeux et élaborez la forme du nez. Tamponnez également du noir un peu partout sur le visage et les oreilles pour suggérer des éraflures et des salissures. Délimitez la forme du menton.

Ensuite, créez de la texture sur le heaume avec l'arête d'une éponge passée dans du fard noir.

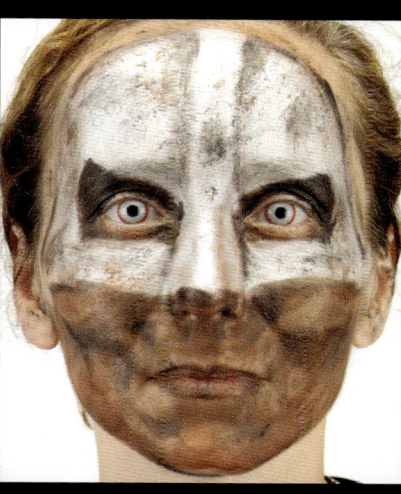

3 Avec une éponge, appliquez grossièrement du brun sur le visage, en le mélangeant aux traces noires. Pochez du fard brun çà et là sur le heaume afin de suggérer la rouille. Reprenez du fard noir pour renforcer les salissures et utilisez une serviette ou un mouchoir en papier humide pour ôter de la couleur si nécessaire.

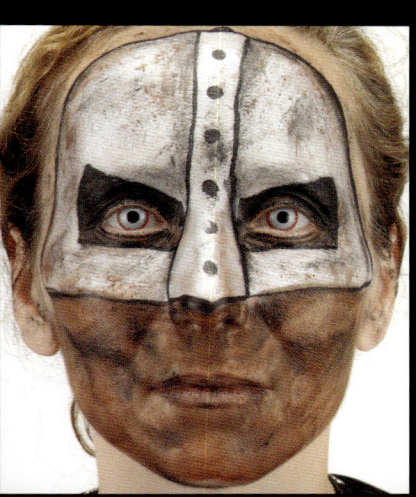

4 Avec un Coton-Tige chargé de noir, formez les rivets du heaume. Ensuite, tracez le contour du heaume au pinceau fin, en adoucissant les lignes avec un Coton-Tige.

Continuez à colorer les zones vides autour des yeux et à fignoler le visage à l'aide d'un pinceau fin chargé de noir.

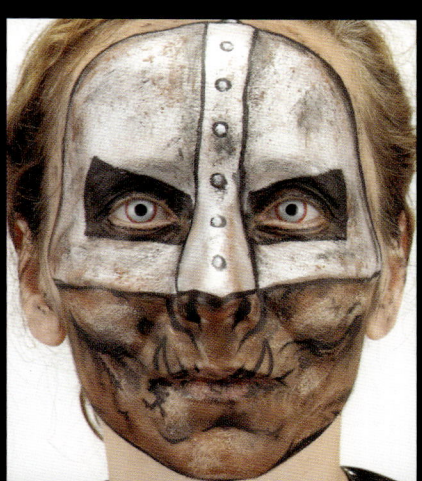

5 Avec une éponge, placez des rehauts blancs sur le visage et posez du blanc sur les rivets à l'aide d'un Coton-Tige.

Avec un pinceau fin chargé de noir, dessinez le contour de la mâchoire, le contour des dents et ajoutez quelques traits sur les joues et le nez. Mouchetez avec le côté du pinceau pour obtenir un effet de peau salie.

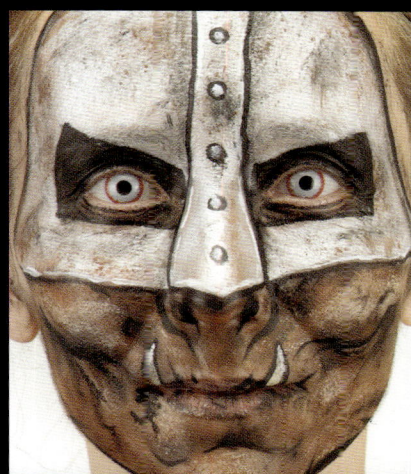

6 Avec un pinceau fin et du fard blanc, colorez les dents et ajoutez des rehauts sur le bord inférieur du heaume et de la protection nasale.

Reptile

1 Avec une éponge, appliquez un fond vert fluo sur tout le visage.

2 Ombrez les yeux et les tempes avec une éponge chargée de vert foncé, en créant des traits reptiliens. Avec un pinceau fin et du fard vert foncé, retouchez le bord des ombres et tracez le contour de la tête, de la bouche, du menton et des rides d'expression.

3 Toujours avec un pinceau fin et du vert foncé, commencez à dessiner le contour des écailles sur le front. Placez les plus grandes directement au-dessus des sourcils et réduisez-les au fur et à mesure que vous montez vers le haut du front. Évitez de faire des rangs trop droits.

4 Ensuite, ajoutez de plus petites écailles sous les yeux. Suivez la forme de l'œil et décalez les écailles d'un rang sur l'autre afin qu'elles ne forment pas de rangées uniformes.

5 Ajoutez des écailles sur les côtés du nez toujours dans la même couleur. Dessinez des fentes au niveau des narines et des traits de part et d'autre de la bouche et du menton. Avec le même pinceau et du fard noir, définissez les traits, en colorant les narines et en soulignant les lèvres, les yeux et les rides d'expression. Ajoutez un petit trait noir sous chaque écaille.

6 Toujours au pinceau fin et en noir, tracez le contour de la tête et ajoutez des rides sur les tempes et les mâchoires. Avec le même pinceau, ajoutez des rehauts blancs en haut de chaque écaille ; formez des taches circulaires sur les petites et des taches en forme de gouttes sur les plus grosses. Ajoutez de fines lignes blanches le long du nez et du menton, ainsi qu'au-dessus de la lèvre supérieure. Mélangez du vert foncé avec du noir et appliquez ce mélange sur les yeux, les tempes et le creux des joues.

Robot

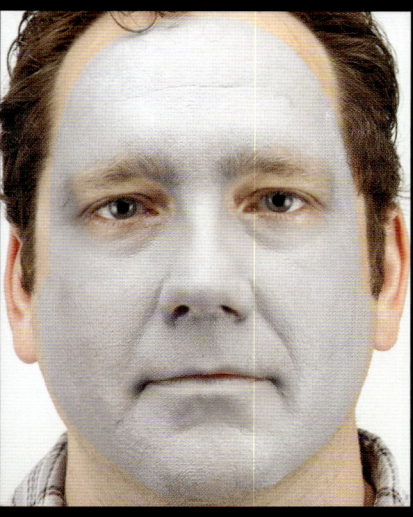

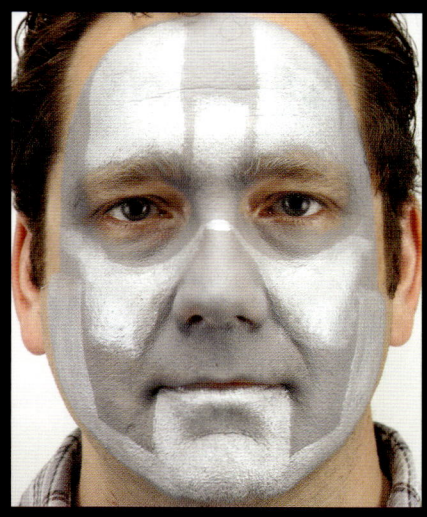

1 Appliquez un fond gris sur tout le visage en commençant par étaler le fard, puis en le pochant pour obtenir un effet opaque. Ne colorez pas le contour des yeux.

2 Pochez des plaques argentées, en utilisant l'arête de l'éponge pour les parties les plus fines.

3 Ombrez le contour des plaques en noir, avec l'arête de l'éponge. Agrandissez également les orbites.

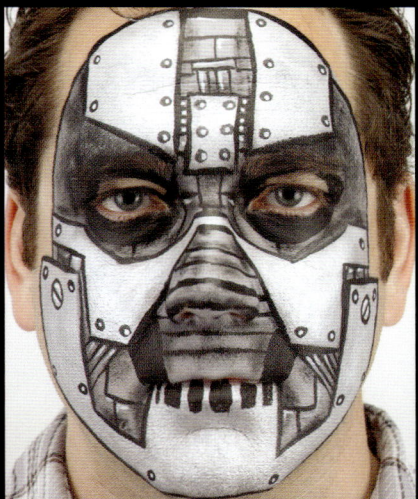

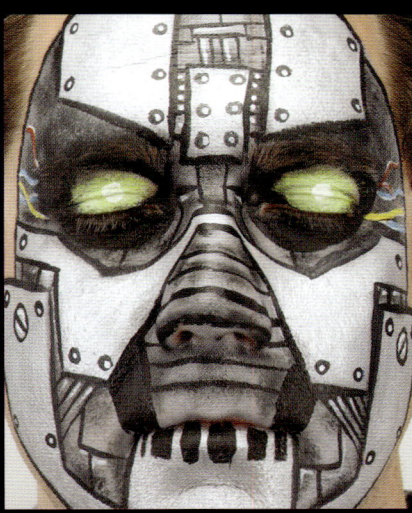

4 Avec un pinceau fin et du fard noir, tracez le contour des plaques argentées, puis commencez à élaborer les détails. Des traits horizontaux permettront de dissimuler le nez, et les vis sur chaque mâchoire suggèreront une charnière.

5 Fignolez les pièces mécaniques du front et rajoutez du noir autour des yeux. Travaillez les zones foncées en les divisant en petites parties et ajoutez des rivets sur les plaques gris clair à l'aide d'un Coton-Tige.

Avec un pinceau fin, ajoutez des rehauts blancs au centre des rivets et à l'intérieur des pièces mécaniques.

Avec une éponge, tamponnez un peu de blanc à l'extérieur des yeux et sur les paupières, en guise de fond pour l'étape suivante.

6 À l'aide d'un pinceau fin, dessinez des fils bleus, rouges et jaunes à l'extérieur des yeux. Peu importe si le fond blanc transparaît : cela fera office de rehauts.

Mélangez du vert clair avec du jaune fluo et appliquez ce mélange à l'éponge sur les paupières. Pour terminer le maquillage, ajoutez des rehauts blancs sur les paupières à l'aide d'un pinceau fin.

Squelette

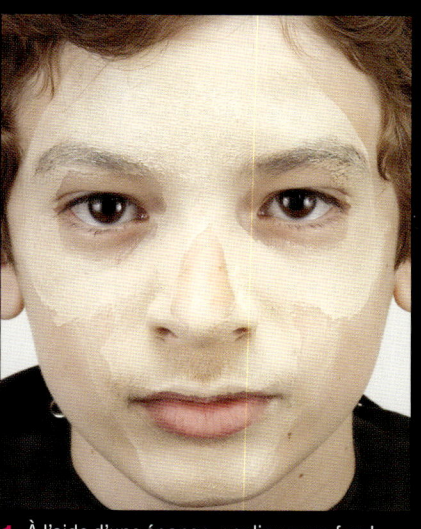

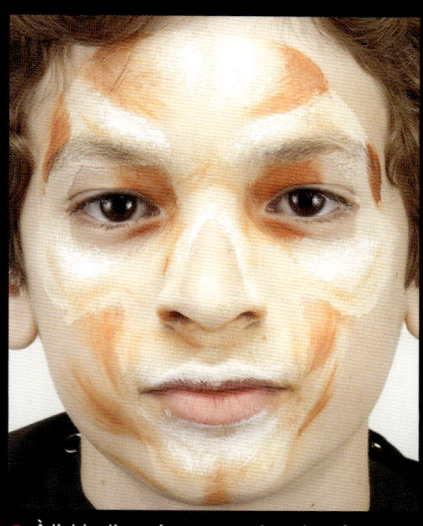

1 À l'aide d'une éponge, appliquez un fond blanc cassé sur le front, les joues et le menton, en omettant le dessus du nez.

2 À l'aide d'une éponge, ombrez le crâne en brun à l'intérieur des yeux, sur le front, autour de la bouche et sur le menton. Puis, avec une éponge et du fard blanc, placez des rehauts sur les arêtes du nez, les joues, le front et le menton.

3 Toujours à l'éponge, cernez le visage d'un large contour noir afin de lui donner une forme de crâne. Dans la même couleur, ombrez les joues et colorez le dessus du nez, les lèvres et les paupières.

4 Ajoutez des détails et des contours sur le squelette. Avec un pinceau fin et du fard noir, corrigez les bords afin qu'ils soient bien nets.

5 Continuez à détailler le visage au pinceau et à dessiner le contour des dents. Il s'agit ici d'un squelette à bouche ouverte, les dents doivent donc être bien visibles. Avec du blanc, colorez l'intérieur des dents et donnez du relief aux os, en cernant de blanc les parties noires.

T-Rex

1 Appliquez un fond vert clair à l'éponge, en contournant ce qui sera la gueule du dinosaure.

2 Avec une éponge, ajoutez des ombres vert foncé autour des yeux, du nez, des sourcils et des tempes, ainsi que le long de la mâchoire supérieure. Puis pochez des rehauts jaunes sur le côté gauche du visage.

3 Toujours à l'éponge, pochez des rehauts blancs sur les rehauts jaunes. Renforcez également les ombres peintes à l'étape 2 en y ajoutant du noir passé à l'éponge.

4 Avec une éponge, tamponnez du rouge sous la bouche pour suggérer la langue du dinosaure. Avec un pinceau fin et du fard noir, tracez le contour de la bouche et des dents, en veillant à ne pas trop recouvrir la langue.

5 Toujours au pinceau, dessinez le contour du visage en noir, puis délimitez les yeux et la partie médiane du front. Ensuite, dessinez des pattes d'oie de chaque côté des yeux et des rides sur les paupières inférieures. Indiquez les narines de part et d'autre du nez.

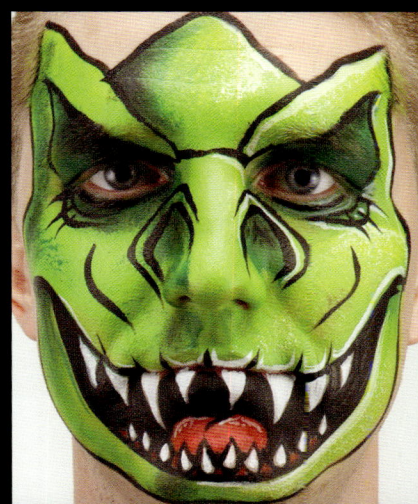

6 Avec un pinceau fin chargé de noir, colorez les espaces vides entre les dents, en donnant forme à la langue. Colorez les dents en blanc et ajoutez des rehauts blancs sur le haut de la langue avec le même pinceau.

Avec un pinceau fin, cernez de blanc les contours noirs du côté gauche du visage.

Loup-garou

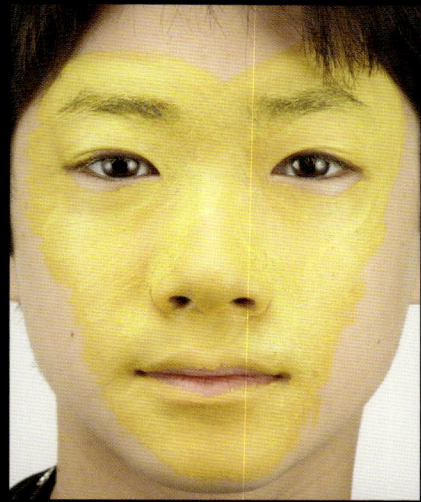

1 Avec une éponge, appliquez un fond jaune doré en forme de cœur.

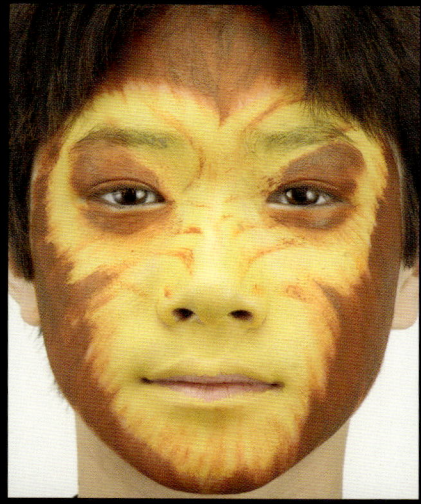

2 Ajoutez du brun sur les paupières, en le tirant un peu avec l'éponge pour l'estomper et lui donner l'aspect de la fourrure. Appliquez la même couleur à l'extérieur du visage, en procédant de même. Avec l'arête de l'éponge, dessinez les sourcils et les rides du nez, puis ombrez le dessous des yeux.

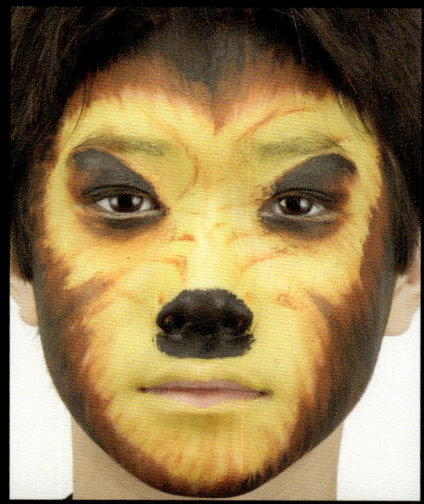

3 Avec une éponge, appliquez du noir, toujours en imitant la fourrure, par-dessus le brun cernant le visage. Avec l'arête de l'éponge, colorez les paupières, puis dessinez la truffe du loup-garou au bout du nez, en la prolongeant un peu en dessous.

4 Avec un pinceau fin et du fard noir, perfectionnez la fourrure en tirant le pinceau de l'extérieur vers l'intérieur du visage. Dessinez les rides, les dents et le museau à l'aide de traits fins.

5 Avec un pinceau fin, colorez les dents en blanc et ajoutez des rehauts sur la truffe. Avec une éponge, noircissez les oreilles et le cou pour compléter le tout.

Veuve noire

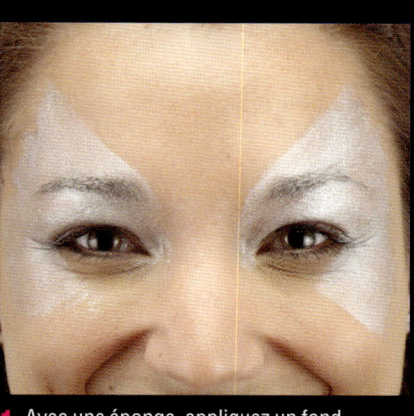

1 Avec une éponge, appliquez un fond argenté autour des yeux, en créant une forme évasée sur les côtés.

2 Toujours à l'éponge, appliquez du violet métallisé autour des yeux. Pochez le fard afin de le mélanger au fond argenté et tirez l'éponge pour commencer à suggérer la toile. Ombrez les paupières avec du noir, en étalant bien le fard dans les plis. Avec la face propre de l'éponge, estompez le noir dans le violet.

3 Commencez à former la toile à l'aide d'un pinceau fin et du fard noir. Tracez les lignes situées au-dessus des yeux, en tirant le pinceau de l'intérieur vers l'extérieur et en vous arrêtant à la limite des cheveux. Tracez ensuite les lignes sous les yeux, en tirant le pinceau vers le bas.

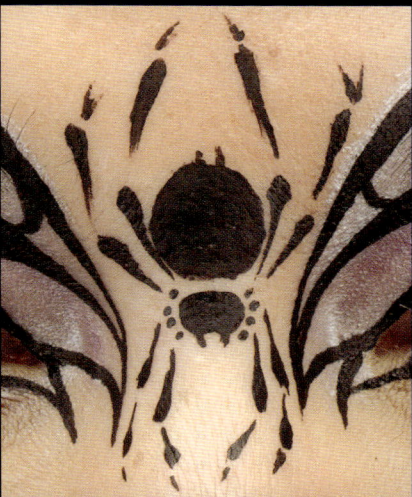

4 Terminez le contour de la toile avec le même pinceau et la même couleur. Reliez les lignes déjà tracées à l'aide de petits traits courbes intermédiaires, afin de former un motif de toile. Vous remarquerez que ces traits sont incurvés vers le haut au-dessus des yeux et vers le bas en dessous.

5 Toujours au pinceau et au fard noir, dessinez la tête et le corps de l'araignée entre les yeux. Ajoutez quatre points de chaque côté du thorax, puis dessinez les pattes en effectuant une série de traits en gouttes.

6 Pour plus de réalisme, dessinez un sablier rouge sur le corps de l'araignée à l'aide d'un pinceau fin.
   Toujours au pinceau fin, cernez les lèvres de noir, puis colorez-les en violet métallisé.

Sorcière

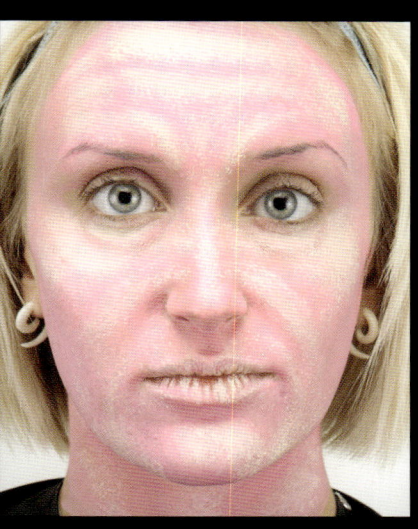

1 Avec une éponge, appliquez un fond rose sur le visage et le cou. Toujours à l'éponge, placez des rehauts blanc cassé sur le front, les joues, le menton et entre les yeux, en pochant le fard pour créer une impression de rides. Appliquez du blanc cassé sur les lèvres pour leur donner un aspect craquelé.

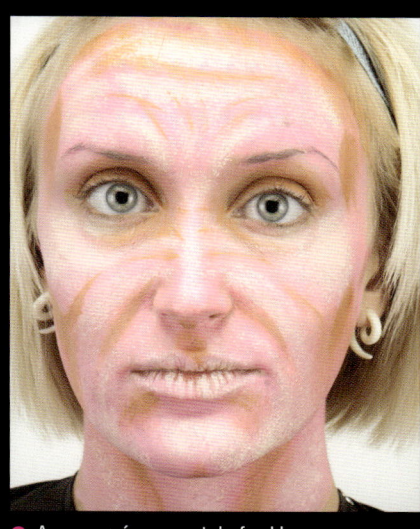

2 Avec une éponge et du fard brun, ombrez les parties situées entre les rehauts et le contour des yeux.

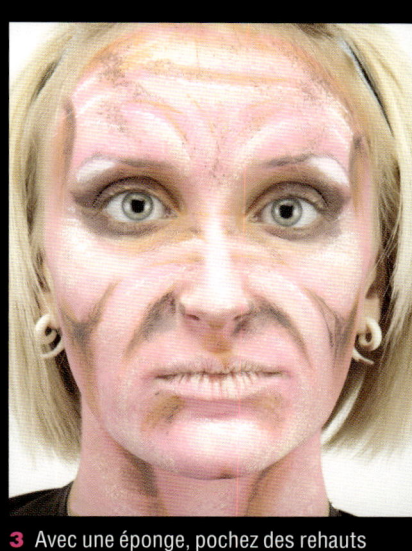

3 Avec une éponge, pochez des rehauts blancs sous les sourcils, en haut des rides et sur les pommettes. Appliquez également un mélange de violet et de brun pour renforcer les ombres. Avec la même couleur, ajoutez de la texture sur le front.

4 Commencez les détails du visage avec un pinceau fin et du fard noir, en dessinant des sourcils et des rides profondes autour des yeux et du nez.

5 Toujours au pinceau fin, dessinez des rides autour de la bouche, au creux des joues, sur le menton et les sillons du nez, puis tracez des lignes horizontales sur le cou pour suggérer les rides. Travaillez les rides autour des yeux avec le même pinceau.

6 Toujours au pinceau fin, ajoutez des rehauts blancs le long des fines rides du visage et du cou. Utilisez le même pinceau pour dessiner des verrues et des taches de rousseur avec le mélange de violet et de brun.

Loup

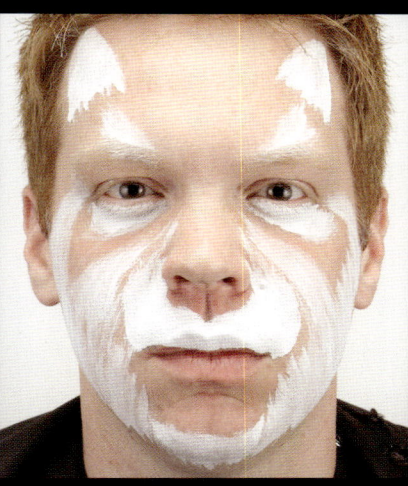

1 Avec une éponge, appliquez un fond blanc autour de la bouche, sous les yeux et sur le front (pour suggérer les oreilles du loup). Étalez également du blanc le long des joues et de la mâchoire inférieure pour indiquer la fourrure.

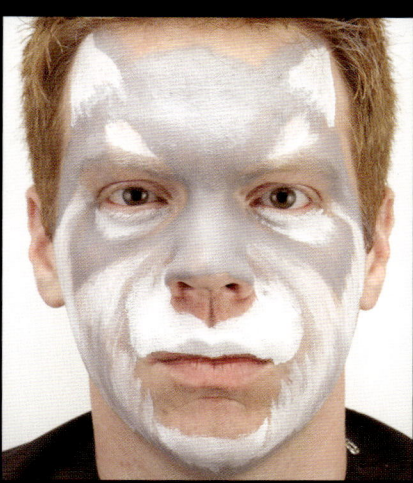

2 Avec une éponge, appliquez du gris dans les espaces vides, en veillant à laisser les zones situées sous la bouche et le nez intactes. Tamponnez délicatement du gris sur le fond blanc au niveau des joues et de la mâchoire pour suggérer la texture de la fourrure.

3 Ombrez le visage avec une éponge chargée de noir. Ajoutez une bonne quantité de fard sur le dessus des yeux, sur les sourcils, à l'intérieur des oreilles et sur les narines (dessous du nez), car ce sont les parties les plus foncées. Ensuite, tamponnez de subtiles touches de noir sur les joues et les oreilles pour suggérer la fourrure.

4 Avec un pinceau fin et du fard noir, fignolez le contour du nez et dessinez le contour des dents. Placez les dents supérieures le long de la lèvre inférieure et les dents inférieures sur le menton.

Continuez à ajouter les détails au pinceau, en colorant partiellement la bouche en noir et en laissant un espace pour la langue. Enfin, cernez les yeux et le museau de noir, et dessinez de la fourrure le long de la mâchoire inférieure.

5 Terminez le contour de la tête, en ajoutant des touches de fourrure au pinceau et au fard noir. Délimitez les oreilles et, avec le même pinceau, ajoutez de fines moustaches sur les bords du museau.

Avec un pinceau fin et du fard rouge, colorez la langue. Avec une éponge chargée de noir, ombrez le menton et les yeux.

6 Colorez les dents avec un pinceau fin et du fard blanc cassé. Renforcez le contour des yeux en noir et appliquez du mascara noir.

Avec un pinceau fin, ajoutez des rehauts blancs sur les oreilles et les dents, ainsi qu'autour des yeux.

Xénomorphe

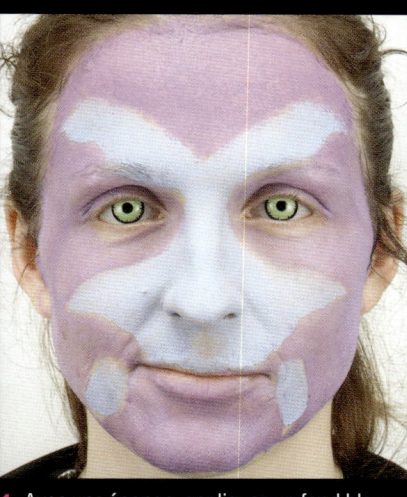

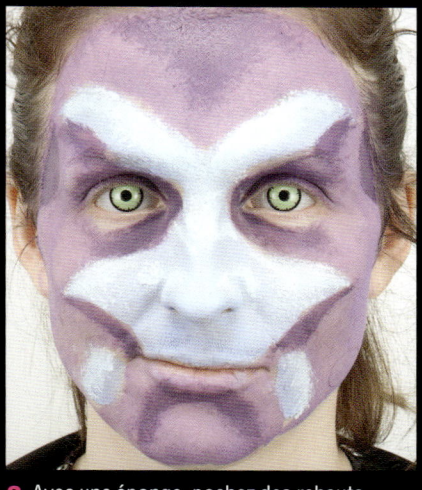

1 Avec une éponge, appliquez un fond bleu pastel au centre du visage. Ajoutez un fond violet fluo sur le reste du visage.

Si le modèle envisage de porter des lentilles de contact colorées (comme ci-dessus), il doit les mettre à ce stade, avant de poursuivre le maquillage.

2 Avec une éponge, pochez des rehauts blancs sur les parties bleues. Avec du fard violet foncé, ombrez les tempes, le contour des yeux, le creux des joues et le menton.

3 Dessinez les taches avec un pinceau fin et du fard bleu moyen. Commencez par les taches les plus grandes (sur le front) et travaillez de haut en bas, jusqu'au menton et la mâchoire. Avec le même pinceau et la même couleur, ajoutez des ombres et des rides sur les parties bleues.

Avec un pinceau fin et du fard bleu pastel, ajoutez des rehauts sur les taches. Avec le même pinceau, colorez les orbites en violet foncé.

4 Dessinez des crocs et des cornes jaune doré à l'aide d'un pinceau fin.

Toujours au pinceau, tracez le contour de la partie centrale en noir, en travaillant autour des crocs et des cornes et en ajoutant des rides au fur et à mesure.

5 Dessinez le contour des taches au pinceau fin. Placez les détails autour du nez et ajoutez des cils sous les yeux. Tracez également une fine ligne noire entre les lèvres.

Ensuite, avec une éponge, appliquez du noir sur les paupières afin d'« enfoncer » les yeux.

6 Avec un pinceau fin et du fard blanc, ajoutez des rehauts sur les crocs et les cornes, ainsi que le long du contour central.

Avec une éponge, appliquez du violet foncé sur le cou et les oreilles.

Yéti

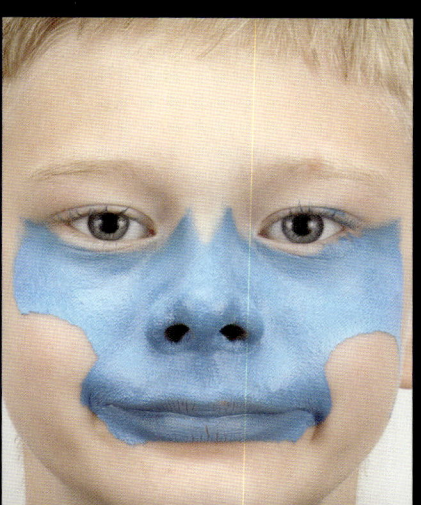

1 À l'aide d'une éponge, appliquez un fond bleu clair au centre du visage. Commencez sous les yeux, couvrez le nez, la bouche et les pommettes en évitant la mâchoire et le menton.

2 Avec une éponge chargée de bleu foncé, placez des ombres autour des yeux et le long des joues.

3 Toujours à l'éponge, appliquez un fond blanc sur le reste du visage, ainsi que sur le cou et les cheveux.

4 Appliquez du bleu clair sur les oreilles et tamponnez les contours bleus de la fourrure. Avec la même couleur, ombrez le cou et le dessous du menton.

5 Avec un pinceau fin et du fard bleu foncé, ajoutez des rides autour des yeux et du nez, puis tracez des traits sur les lèvres et des fentes sous les narines. Colorez les parties internes des oreilles dans la même couleur.

6 Avec un pinceau fin chargé de noir, tracez le contour des sourcils touffus, ajoutez les détails autour des yeux et colorez les narines.
Avec le même pinceau, posez des rehauts blancs sur les rides du dessous des yeux et du nez.

Zombie

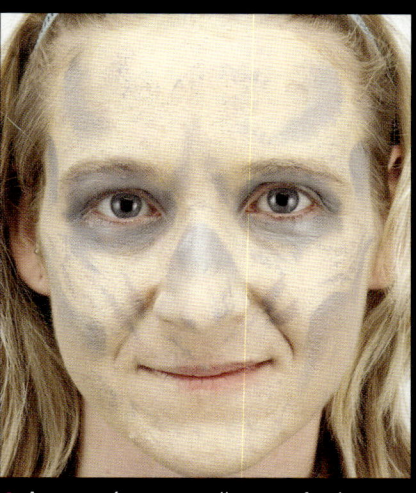

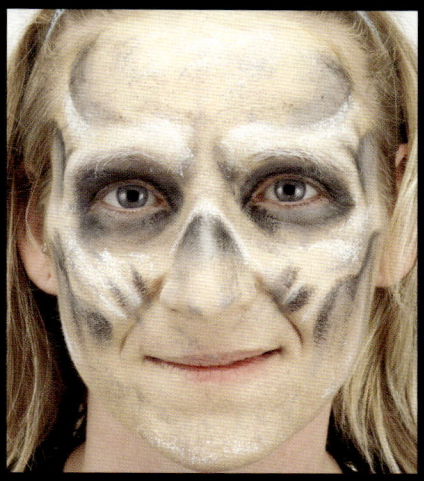

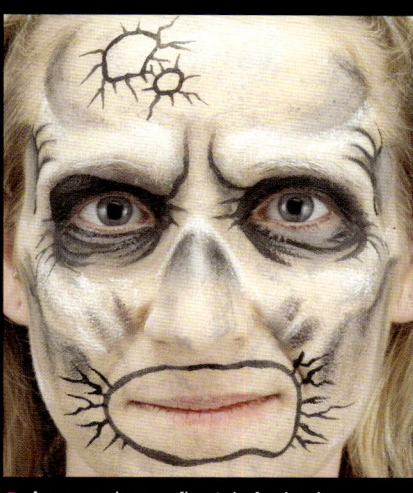

1 Avec une éponge, appliquez un fond couleur chair sur tout le visage, en étalant d'abord la couleur puis en la pochant pour obtenir un effet uniforme.

Avec une éponge chargée de gris, suggérez le squelette du visage. Ombrez certaines zones pour les « enfoncer » et pochez un motif moucheté sur tout le visage afin d'en rompre l'uniformité.

2 Renforcez les ombres en noir, en appliquant le fard avec l'arête d'une éponge sur les parties les plus foncées, puis en la tirant vers le bas pour estomper.

Utilisez l'arête d'une éponge pour appliquer des rehauts blancs sur la racine du nez et le faire ainsi ressortir. Ensuite, pochez du blanc le long des sourcils et sur les pommettes.

3 Avec un pinceau fin et du fard noir, dessinez le contour de la bouche et ajoutez des craquelures de part et d'autre. Dessinez deux cercles également craquelés sur le front, pour suggérer des plaies. Foncez les yeux, en ajoutant des cernes et des rides. Selon le même procédé, ajoutez des rides sur les tempes et au-dessus des sourcils.

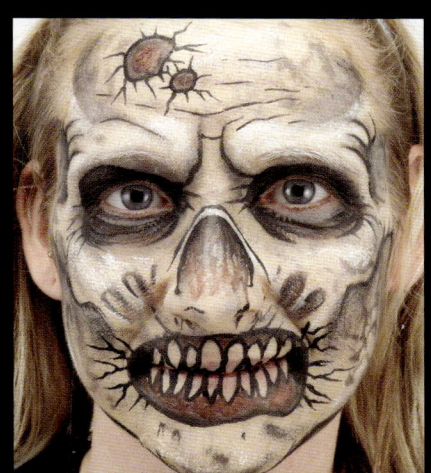

4 Avec un pinceau fin, dessinez le contour du nez afin de faire ressortir davantage l'os nasal. Faites s'enfoncer les muscles des joues et des pommettes à l'aide de traits en forme de gouttes et ajoutez des rides sur le front. Enfin, tracez le contour de la mâchoire inférieure et dessinez les dents.

5 Avec le côté d'un pinceau fin humidifié, mouchetez les zones entourant la mâchoire et tirez le fard noir à l'intérieur des trous du front.

Mélangez du noir et du rouge et colorez les trous du front, le nez, l'intérieur des yeux et les gencives à l'aide d'un pinceau fin.

6 Rehaussez les dents, les gencives et le pourtour de la bouche à l'aide d'un pinceau fin et de fard blanc. Rehaussez le reste de la structure osseuse avec un ton chair clair, en veillant à ce que les rehauts ne soient pas trop vifs.

Avec un pinceau fin et du fard blanc, dessinez une coulure visqueuse sous l'œil.

INDEX

Les frères Wolfe
et l'équipe éditoriale
de cet ouvrage.

Documentation

On trouve à peu près tout ce que
l'on veut sur Internet ; il suffit
de taper « maquillage artistique ».
Il existe aussi des forums,
où vous pourrez demander conseil.
Vous trouverez la plupart du matériel
nécessaire dans les boutiques
de fournitures pour artistes.

En dernier recours, vous pouvez
nous contacter à :
info@eviltwinfx.com